MARCO POLO

RAJASTHAN

Reisen mit **Insider Tipps**

Zum Schönsten gehört das Erleben ungestörter Weite – ob tagsüber in der Wüste oder nachts unter Sternen auf dem Dach eines Palastes.

MARCO POLO Autoren
Edda, Michael und
Gabriel Neumann-Adrian

(siehe S. 122)

Spezielle News, Lesermeinungen und Angebote zu Rajasthan:
www.marcopolo.de/rajasthan

RAJASTHAN

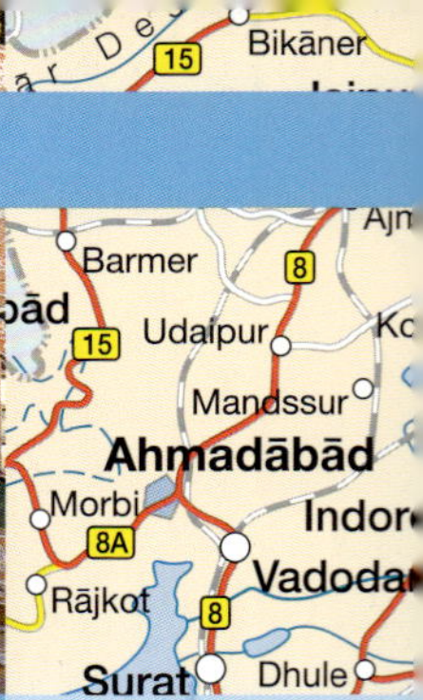

> SYMBOLE

Insider Tipp **MARCO POLO INSIDER-TIPPS**
Von unseren Autoren für Sie entdeckt

★ **MARCO POLO HIGHLIGHTS**
Alles, was Sie in Rajasthan kennen sollten

SCHÖNE AUSSICHT

▶▶ **HIER TRIFFT SICH DIE SZENE**

> PREISKATEGORIEN

HOTELS
€€€ über 100 Euro
€€ 50–100 Euro
€ unter 50 Euro
Preise für zwei Personen im Doppelzimmer, meist ohne Frühstück. AC bedeutet Klimaanlage

RESTAURANTS
€€€ über 20 Euro
€€ 5–20 Euro
€ unter 5 Euro
Preise für eine Mahlzeit mit drei bis vier Gerichten pro Person ohne Getränk

> KARTEN

[112 A1] Seitenzahlen und Koordinaten für Reiseatlas Rajast

Karten zu Jaipur, Jaisalme Jodhpur und Udaipur find Sie im hinteren Umschlag

Zu Ihrer Orientierung sind auch die Orte mit Koordin ten versehen, die nicht im Reiseatlas eingetragen si

INHALT

> SZENE

S. 12: Trends, Entdeckungen, Hotspots! Was wann wo in Rajasthan los ist, verrät der MARCO POLO Szeneautor vor Ort

> 24 STUNDEN

S. 92/93: Action pur und einmalige Erlebnisse in 24 Stunden! MARCO POLO hat für Sie einen außergewöhnlichen Tag in Jaipur zusammengestellt

> LOW BUDGET

Viel erleben für wenig Geld! Wo Sie zu kleinen Preisen etwas Besonderes genießen und tolle Schnäppchen machen können:

Scharfe vegetarische Gerichte für unter 1,50 Euro S. 42 | Günstiges Hotel mit Toplage am Pushkar-See S. 54 | Eintritt frei zur Ruinenromantik einer jahrtausendealten Tempelstätte S. 82

> GUT ZU WISSEN

Spezialitäten S. 26 | Bücher & Filme S. 34 | Blogs & Podcasts S. 38 | Havelis S. 57 | Unterwegs in Rajasthan S. 62 | Jainismus S. 86 | Wetter in Rajasthan S. 104 | Hindi S. 108

AUF DEM TITEL
Träumen wie die Maharajas S. 13
Jeepsafari mit Sicht auf Tiger, Leoparden und Panther S. 41

ENTDECKEN SIE RAJASTHAN!

Unsere Top 15 führen Sie an die traumhaftesten Orte und zu den spannendsten Sehenswürdigkeiten

Die Highlights sind in der Karte auf dem hinteren Umschlag eingetragen

1 **City Palace**
Prachtvoller Glanz à la Maharaja mit kostbaren Sammlungen in Jaipurs Stadtpalast (Seite 35)

2 **Bhuramal Rajmal Surana**
Der Name steht weltweit für exzellenten Juwelenschmuck – mit zwei Jahrhunderten Tradition in Jaipur (Seite 37)

3 **Amber Palace**
Kostbarkeit auf steinig kahler Höhe über Amber: ein Triumph von Indiens Palastkultur (Seite 39)

4 **Tiger Reserve Ranthambore**
Hier stehen die Chancen für Begegnungen mit Tigern ziemlich gut (Seite 41)

5 **Dargah Sharif**
Einer der heiligsten Plätze der Muslime mit dem Grab eines Sufiheiligen liegt in Ajmer (Seite 46)

6 **Junagarh-Fort**
Hinter Bikaners Festungsmauern verbergen sich prachtvolle Paläste (Seite 50)

7 **Havelis**
Steinschnitzkunst vom Feinsten: Jaisalmer ist Hochburg der Kaufmannshäuser (Seite 56)

8 **Desert National Park**
Kamelsafaris komfortabel oder rustikal – im Herzen der Wüste Thar haben Sie die Wahl (Seite 59)

> DIE BESTEN MARCO POLO HIGHLIGHTS

9 Sardar Basar
Rajasthans buntester Basar liegt in Jodhpur – vom Gewürzspezialisten bis zum Internetshop finden Sie dort fast alles (Seite 64)

10 Poddar-Haveli-Museum
Shekawati ist das Land der Wandmalereien und sandüberwehten Straßen – in diesem Museum in Nawalgarh wird es lebendig (Seite 69)

11 Fort Chittorgarh
Das Ruinenhochplateau der früher hart umkämpften Festungsanlage erzählt von Schlachten und Dramen, Rittern und schönen Damen (Seite 74)

12 Juna Mahal Palace
In Dungarpurs trutzigem Bergfort begegnen Sie einem Kamasutra-Bilderschatz (Seite 76)

13 Udaipur
Die Stadt der vielen Gärten und Seen ist wohl die schönste von ganz Rajasthan (Seite 80)

14 Palastfort Devi Garh
In der Bergfestung über Delwara wurde Rajasthans erstes Heritage-Hotel im Edeldesign eingerichtet (Seite 84)

15 Jain-Tempel von Ranakpur
Schönheit in aller Stille: Erwandern Sie das Tempeltal der Marmorwunder! (Seite 87)

WAS FÜR EINE REGION!

Jaswant Thada in Jodhpur

AUFTAKT

Nirgends leuchten die Farben Indiens intensiver, sind die Märkte bunter, gibt es so viele phantastische Paläste wie in Rajasthan. Ein Land, das zum Träumen einlädt: Neben Stadtjuwelen wie Jaipur, Udaipur und Jodhpur locken rund 20 Nationalparks und Wildlife Sanctuarys – von den Sanddünen der Wüste Thar bis zu den Dschungeln im Osten. Prunk und Bescheidenheit, Wüstenstädte und Metropolen, glutheiße Tage und sternenkalte Nächte werden Sie in diesem Staat, der fast exakt so groß ist wie Deutschland, gleichermaßen erleben. In Rajasthan treffen Sie noch auf das „alte“ Indien, ein Land wie aus Tausendundeiner Nacht.

> Lassen Sie sich vom Blick aus den Fenstern im „Palast der Winde" beflügeln! Tauchen Sie ein in das steingeschnitzte Gassengewirr des goldenen Jaisalmer! Beobachten Sie in der Wüste Gazellen vom Rücken eines Kamels aus, sehen Sie Adler und Eisvögel über Seen kreisen. Die Fürsten, die Rajasthan, übersetzt „Land der Könige", seinen Namen gaben, hinterließen im Wüstenstaat ihre Spuren: trutzige Burgen, monumentale Paläste – und bei den Rajasthanis großen Stolz auf ihre Vergangenheit, die sie mit viel Traditionsbewusstsein lebendig halten.

Mögen in den Satellitenstädten um Delhi die Bürotürme aus dem Boden schießen, Mumbai wegen seiner spektakulären Filme und spekulativen Firmenübernahmen in aller Munde sein, und Bangalore mit immer neuen Software-Entwicklungen glänzen – Rajasthan bleibt ein Land wie aus Tausendundeiner Nacht. Die Männer tragen die prächtigsten Turbane, die man in ganz Indien finden kann. An Armen und Fußgelenken der Frauen glänzt Silberschmuck, und in die purpurnen oder tiefblauen Kleiderstoffe sind winzige Spiegel eingenäht. Die Wüste beginnt zu funkeln und zu leuchten, wenn in der sandgelben Einsamkeit um die Dörfer der Wüste Thar eine Gruppe Frauen und Mädchen auftaucht, auf den Köpfen Feuerholz oder Wasserkrüge balancierend.

> Farbenbesprenkelte Städte im Sonnenglanz

Wenn Sie im Wüstendreieck zwischen Jodhpur, Bikaner und Jaisalmer im Nordwesten unterwegs sind, können Sie gut und gerne zwei, drei Stunden fahren, ohne an einen einzigen größeren Ort zu kommen. Die Wüste Thar umfasst etwa acht Prozent der indischen Gesamtfläche. Im Bundesstaat Rajasthan ist fast die Hälfte des Lan-

Frauen bei der Feldarbeit: Fruchtbares Grün liegt vor dem kahlen Aravalligebirge

des Wüstengebiet. Nur an wenigen Orten allerdings findet man Sanddünen, die an Bilder aus der Sahara erinnern. Dornige Sträucher, die sich vor der Hitze ducken, und vereinzelte Bäume setzen grüne Farbakzente in die staubige, steinige Weite.

Plötzlich scheinen im Sonnenglanz Mauern über der Landschaft zu schweben – keine Fata Morgana, sondern eine farbenbesprenkelte Stadt im Ring ihrer steinernen Wälle, über der ein mächtiges Fort thront. Die Bastionen erzählen von leidenschaftlichen Kriegen, phantastischen Siegen und insbesondere von heldenhaften Niederlagen. Wenn in klaren Nächten an großen Feuern mit Schwertern zur Musik von Trommeln, Flöten und Saiteninstrumenten getanzt wird, singen die Menschen oft noch Lieder, die von den Dramen der Kämpfer und Liebespaare erzählen.

Die Helden der Lieder waren meist Rajputen. Diese Volksgruppe ist stark durch den Hindu-Glauben geprägt und stellte die Fürsten des Landes. Rajputen leiteten ihre Herkunft direkt von kosmischen Kräften her – die einen von der Sonne, die anderen vom Mond, die dritten vom Feuer. Die Krieger bauten eine unüberschaubare Zahl von Wüstenburgen, die oft jahrhundertelang, manche über ein Jahrtausend im Besitz der gleichen Familie blieben. Mitglieder der stärksten Rajputenclans avancierten zu Maharajas, wörtlich: zu Großkönigen. Die längste Traditionslinie kann die Dynastie der Sisodias von Udaipur mit ihrer 76 Generationen währenden Herrschaft in Anspruch nehmen.

> Safari durch die Wüste mit Jeep und Kamelen

Dass vieles im Land heute für den westlichen Touristen „typisch indisch“ erscheint, ist auch ein Ergebnis der Wehrhaftigkeit der Rajputen gegenüber Eindringlingen von außen – und der Fähigkeit, sich bei Niederlagen zumindest ihre kulturelle Eigenständigkeit zu bewahren. Die muslimischen Mogulkaiser unterwarfen im 16. Jh. die untereinander heillos zerstrittenen Fürsten, bis die britischen Kolonialherren in Rajasthan zwei Jahrhunderte später nach und nach die Fürstentümer von sich abhängig machten. Die Maharajas wussten sich mit den Fremden zu arran-

WAS WAR WANN?

Geschichtstabelle

Um 20 000 v. Chr. Höhlenmalereien in der Hadaoti-Region im Südosten

3. Jahrtausend v. Chr. Siedlungen der Harappa-Kultur, z. B. in Kalibangan/Ganganagar

Um 1400 v. Chr. Arische Einwanderung aus Iran und Afghanistan, Hinduismus entsteht

Um 1000 v. Chr. Die Kasten entstehen

8.–12. Jh. Aufstieg der Rajputen-Dynastien, Bau von Jain-Tempeln

15. Jh. Kämpfe gegen Muslime. Die Rajputen bauen starke Forts (Chittorgarh, Kumbhalghar, Jodhpur, Bikaner)

1526–1857 Herrschaft der Mogul-Dynastie, Rajputen sind zeit- und teilweise in Abhängigkeit

Um 1727 Maharaja Sawai Singh II. gründet die Residenzstadt Jaipur

1829 Briten setzen Verbot der Witwenverbrennung *(sati)* durch

1857/1858 Aufstand gegen britische Herrschaft *(mutiny)*, die Rajputen auf der Seite der Briten. Ende des Mogulreiches. Indien wird Kolonie der britischen Krone

1920 Gandhi ruft zum gewaltlosen Widerstand gegen die Briten auf

1947 Indien wird unabhängig, Pakistan spaltet sich als muslimischer Staat ab

1948 Bundesstaat Rajasthan entsteht aus 22 Fürstentümern

Um 1990 Der 700 km lange Indira-Gandhi-Kanal lässt die Thar-Wüste grünen

Seit 2000 Verstärkter Ausbau von Autobahnen und des Breitspurschienennetzes in Rajasthan

gieren: Unter den Moguln sicherten sie sich ihre Throne durch politische Ehen und Militärbündnisse, und von der britischen Ostindienkompanie ließen sie sich ihren luxuriösen Lebensstil bezahlen. Die Briten benutzten die Fürsten im Gegenzug als politische Marionetten, ihr Volk betrachteten sie als Menschen dritter Klasse ohne Recht auf Bildung.

Erst die indische Unabhängigkeitsbewegung, gewaltlos angeführt von Mahatma Gandhi, löste die alte politische Elite ab. Als der letzte britische Vizekönig 1948 seinen Abschied nahm, war Indien bereits auf dem Weg zur bevölkerungsreichsten Demokratie der Erde – und auch Rajasthans Fürsten verzichteten auf ihre uralten Herrschaftsrechte. Einige der alten Residenzen der Rajputen sind heute Luxushotels, viele ihrer ehemaligen Jagdgründe zählen heute zu den schönsten Nationalparks.

Ob Sie als Vogelliebhaber kommen, Indiens Tiger und Leoparden sehen oder in einem Himmelbett für Könige übernachten wollen – Sie haben die Auswahl. Denn auch das gehört zu Rajasthan: grüne Oasen, bewaldete Hügel und Vogelschwärme über jahrhundertealten Stauseen. Östlich der bis zu 1700 m hohen Aravalli-Gebirgskette weichen die trockenen Landschaften der Thar Weizenfeldern und Wasserlandschaften.

In den Dörfern wächst der Wohlstand langsam. Doch wenn der

Monsunregen ausbleibt, sind auch die Ernten vernichtet, das Vieh ver-

> *Sternenklare Nächte, bunte Basare*

durstet, und den Menschen droht der Absturz in die Armut. Diese Abhängigkeit vom Monsunregen wurde gemildert, seit Wasser aus dem Punjab durch den Indira-Gandhi-Kanal nach Rajasthan strömt und zudem große Grundwasservorräte entdeckt wurden. Der Lebensstandard ist angehoben worden: Auch in den Dörfern gibt es jetzt Schulen, ärztliche Versorgung und an vielen Orten sogar staatlich geförderte Internetkioske.

Das indische Wirtschaftswunder hat noch viel stärker die Städte verändert. Blechlawinen wälzen sich durch das Gassengewirr, und trotzdem haben sich Städte wie Udaipur, Pushkar am heiligen Brahma-See, Bundi und Dungarpur mit ihren Palästen ihren Zauber bewahrt. Wer Jaisalmer mit seinen Steinschnitzfassaden noch nicht erlebt hat, sollte sich allein wegen dieser märchenhaften Szenerie zu einer Reise nach Rajasthan aufmachen.

Farbenfrohen Märkten und Basaren begegnen Sie überall in Rajasthan

Entdecken Sie Rajasthan! Wegen der weiten Horizonte und der bunten Basare, wegen der Tempel und Tigerreviere oder wegen der Menschen, die Sie so freundlich aufnehmen, wie es in Rajasthan Tradition ist.

TREND GUIDE RAJASTHAN

Trends, Entdeckungen und Hotspots! Unser Szene-Scout zeigt Ihnen, was angesagt ist

Britta Petersen
ist Journalistin, Autorin und Gründerin der *Initiative Freie Presse (IFP)*, die in Afghanistan Journalisten ausbildet. Seit mehr als zwei Jahren lebt sie in Neu-Delhi. Regelmäßig unternimmt sie Trips nach Rajasthan, eine Region, die sie für ihre kulturelle Vielfalt schätzt. Unser Szene-Scout ist fasziniert vom Kontrast zwischen Tradition und Moderne und überrascht von der Kreativität der Menschen vor Ort.

DESIGN-TALENTE

Indische Mode-Avantgarde

Mit leuchtenden Farben und ausgefallenen Details bringen die Entwürfe der Jungdesigner frischen Wind in die indische Modebranche. Die Talentschmieden heißen *ARCH Academy of Fashion Art Design (Plot No. 9, Govind Marg, Opp. Block A, Malviya Nagar Institutional Area, www.archedu.org)* und *Pearl Academy of Fashion (Plot No. B, Sahkar Marg, http://jaipur.pearlacademy.com)* in Jaipur. Absolventin Puja Arya verbindet in ihrer Kleidung traditionelle Hochzeitsmuster aus Rajasthan und moderne Drucktechniken *(erhältlich über FFolio, 27, Khader Nawaz Khan Road, Nungambakkam, Chennai,* Foto*)*. Effektvolle Accessoires, wie knallbunte und mit Steinchen besetzte Sandaletten, gibt's neben anderen angesagten Kreationen im indischen Stil bei *Jaipur Fashions (61, Nalanda Vihar, Vishwakarma Nagar III, Jaipur, www.jaipurfashions.com)*. A Touch of India vermitteln auch die edlen Businessoutfits von *Pushkar Fashion Industry* – für alle, die es eher klassisch mögen *(Plot No. 17, Sanskar Vihar, Sinsi Road, Jaipur, www.indiamart.com/pushkarfashionind)*.

SZENE

KITE-FIGHT

Das Drachen-Revival

Die bunten Flugobjekte kreisten schon immer über den Dächern. Doch jetzt kündigt sich eine neue Ära an: Aus dünnem Stoff und viel Farbe werden wahre Kunstwerke kreiert, die sich in der Luft duellieren! Ziel ist es, den gegnerischen Drachen zu Fall zu bringen und mit der eigenen scharfen Leine die des Gegners zu kappen. Wie man den perfekten Drachen im Stil von Babu Kahn *(Babu Khan and Sons, Ghat Gate, Jaipur)*, dem berühmten Drachenbauer, anfertigt, lernt man bei Kiteshop-Besitzer Ashgar Belim *(Belim Kites, Ghas Mandi Road, Jodhpur, www.kitesonlines.org/asghar,* Foto*)*. Getestet werden die Flugwunder dann immer am 14. Januar u. a. auf dem *Desert-Kite-Festival* in Jodhpur *(Jodhpur Polo Ground, The Jodhpur Polo & Equestrian Institute, Umaid Bhawan Palace, www.maharajajodhpur.com)*.

LUXUSVARIANTE

Campen wie die Maharajas

Zelten im Maharaja-Stil ist angesagt. Leinentücher in Erdtönen umhüllen die möblierten Innenräume der Luxuszelte im Kolonialstil. Schick: im Dämmerlicht der untergehenden Sonne einen stilvollen Abend auf der Veranda vor dem Schlafgemach verbringen, wie im *Sher Bagh Resort (Sherpur Khiljipur, Sawai Madhopur, www.sherbagh.com,* Foto*)*. Für erholsamen Schlaf im Himmelbett und königliches Befinden sorgen die durch bunte Seidenschals getrennten Räume der Zelte im *Oberoi Vanyavilas (Ranthambhore Road, Sawai Madhopur, www.oberoihotels.com/oberoi_vanyavilas)*. Klar, dass hier die Marmordusche und der steinerne Kosmetiktisch, wie im *Orchard (Ganahera, Pushkar, www.orchard.in),* nicht fehlen dürfen.

ADEL VERPFLICHTET

Likör aus dem Königshaus

Einst dem Adel vorbehalten, nach dem Sturz der Maharajas sogar verboten, feiern die nach geheimen Familienrezepten gebrauten Liköre der Prinzen Rajasthans ein Comeback der Extraklasse. Die königlichen Drinks, wie der *Royal Chandrahaas,* gelten als Luxusgetränk und werden in den *Heritage-Hotels* und im royalen *Rajasthan-Heritage-Zug (www.rtdc.in)* serviert. In den Genuss des *Kesar Kasturi* aus Safran und 20 exotischen Kräutern kommt man nur im *Kesar Bhawan Palace (Mount Abu, www.kesarpalace.com),* und den feinen *Mehansar* Likör gibt's exklusiv im *Naravan Niwas Castle Mehansar (Jhunjunu, www.mehansarcastle.com).*

INDIE-KUNST

Schrill und kitschig

Das Leben der Inder ist bunt. Das spiegelt sich auch in der jungen Kunstszene in Rajasthan wider. Soni Gopal sprudelt nur so vor Kreativität, wie seine Miniaturen im *Kota-Bundi-Stil,* der indischen Figurenmalerei, eindrucksvoll zeigen. In seiner Galerie *Mayur Art (Nahar ka Chotta, Bundi)* fertigt er Bilder auf Kundenwunsch an. Eine Plattform für zeitgenössische Kunst aus der Region bietet die *Juneja Art Gallery (6–7 Laxmi Complex, M. I. Road, Jaipur, www.artchill.com,* Foto*).* Bei einem Malkurs bei *Ashoka Arts* in *Udaipur (Hotel Gangaur Palace, Gangaur Ghat Road)* kann man am besten in den Stil und die Farben der regionalen Kunstszene eintauchen.

ROLL BALL

Auf der Jagd nach dem Tor

Polo und Co. bekommen ernste Konkurrenz: *Roll Ball,* der rasante Mix aus Basket- und Handball, wird zur Nummer eins unter den Ballsportarten. Die Spieler jagen beim *Roll Ball* mit Rollschuhen ganz ohne Stopper über das Spielfeld und sorgen so für schnelle Angriffe auf das gegnerische Tor. Die *Rajasthan Roll Ball Association* wacht über Regeln und veranstaltet Turniere *(Devi Nagar, Harnathpura, Jothwara, Jaipur, www.rollball.org).* Interesse? Im *Chaugan Stadion (Jaipur Gangori Bazar, Jaipur)* und im *Sawai Mansingh Stadion* kann man die Spiele live miterleben, wie z. B. die *International Roll Ball Competition (Janpath, Jaipur).*

LANDLIEBE

Raus aus der Stadt!

Indien abseits vom Metropolenrummel – danach sehnen sich immer mehr stadtmüde Inder. Sie zieht es in das Idyll der friedlichen Dörfer und Oasen. Besonders populär sind zum Beispiel die Dörfer um Patel und Moila. Organisiert werden die Ausflüge vom *Fort Chanwa* aus *(1 PWD Road, Jodhpur, www.fortchanwa.com,* Foto*)*. Im *Saharia Organic Resort* wohnt man stilecht in Lehmhütten, geht den Bauern zur Hand und erfährt so jede Menge über biologischen Landbau in Indien *(Surya Vatika Road, On Jaipur Chomu Road, Maheshpura, www.sahariaorganicresort.com)*. Raus in die Natur heißt es auch auf der *Grewal's Farm* in Patan *(www.indianorganic.com)*. Hier erklären die Hausherren Ajit und Royina, wie man am besten mit und von der Natur leben kann.

LIVING TRADITION

Klänge aus 1001 Nacht

Trotz Bollywood und MTV wird die Musikszene in Rajasthan vom täglichen Leben auf dem Land inspiriert und ist im Alltag der Inder präsenter als je zuvor. Da überrascht es nicht, dass die abendlichen Konzerte von Birju, Lehrer für klassische Musik und Gesang der *Saraswati Music School (Mainon ka Chowk, Pushkar)*, als regelrechte Happenings in der Region gelten. Der Originalsound aus Rajasthan ist berühmt für die Dominanz der indischen Trommel, der Tabla, und der lautenähnlichen Sitar. Musik-Workshops bieten *Maharaja Sawai Mansingh Sangeet Mahavidyalaya (Hinter dem Tripolia Gate, Jaipur)* und *Prem Musical Instruments* an *(28, Gadia Devra, Udaipur)*. Selbst Popstars wie Madonna lassen sich vom markanten Rajasthan-Sound inspirieren.

> HEILIGE KÜHE, BISHNOI UND MOGULSTIL

Vieles wirkt zunächst fremdartig in Rajasthan, doch bald wird auch das Exotische vertraut und alltäglich

ARAVALLIGEBIRGE

Aus riesigen Sandsteinsteinbrüchen der Aravallis kam das Material für Forts, Kaufmannshäuser und Paläste. Durch ganz Rajasthan zieht sich das ca. 700 km lange und 80 km breite Gebirge. Von seinen nördlichen Ausläufern um Delhi reicht es südwestwärts bis Mount Abu nahe der Grenze zum Nachbarstaat Gujarat. Bei Mount Abu ragt auch sein höchster Berg, der Guru Shikar, mit 1722 m in den Himmel. Schwer zugänglich und dünn besiedelt liegt das Gebirge zwischen der Wüste Thar und dem fruchtbaren Südosten. Dabei wechseln sich schroffe Felsen mit kahlen Hügeln und Waldgrün ab. Aus bis zu 3 Mio. Jahre altem Urgestein besteht die Gebirgskette. Gefördert werden neben Sandstein auch der weiße Makrana-Marmor, Eisenerze, Kupfer und Gold.

Bild: Krishna-Darstellung aus der Bundi-Malschule

STICH WORTE

BISHNOI

Sind sie die erste Ökobewegung der Welt? Schon vor 600 Jahren gaben sich die Mitglieder einer religiösen Lebensgemeinschaft, Anhänger des Gurus Jambeswariji, 29 Regeln des schonenden Umgangs mit der Natur. Daher stammt ihr Name: Bishnoi heißt 29. Eine Regel befiehlt ihnen, nicht zu jagen. Sie schützen die Wildtiere, besonders die wunderschönen Bluebuck-Antilopen. Im 18. Jh. ließen zahlreiche Bishnoi ihr Leben, als ein Grundherr befahl, Bäume zu fällen. Bishnoi-Frauen wurden getötet, als sie sich an den Bäumen festhielten, um diese zu retten. Inzwischen leben Bishnoi auch in anderen Staaten Indiens, viele Mitglieder der einige Millionen zählenden Gemeinschaft wohnen aber heute noch in ihren Dörfern in Rajasthan, oft als Töpfer und Weber.

EISENBAHN

Um die wirtschaftliche Entwicklung ihrer Gebiete zu fördern, ließen die Maharajas des 19. Jhs. selbst in der Wüste Thar Eisenbahnen bauen – in Kooperation mit den Briten oder ganz auf eigene Rechnung. Schon in den 1950er-Jahren wurden die Bahnen verstaatlicht. Heute ist Indiens Schienennetz das zweitgrößte der Erde, und Eisenbahnreisen sind eine gute Methode, Land und Leute kennenzulernen. Auf den oft tagelangen Fahrten kommen die Reisenden miteinander ins Gespräch. Ganz anders, auch etwas isoliert vom indischen Leben, reisen Touristen im Luxuszug „Palace on Wheels" *(www.palaceonwheels.net)*: mit Maharaja-Salonwagenpracht auf Hochglanz, Besichtigungen und Galaabenden in Luxushotels. Der Erfolg des Luxuszugs hat zwei andere, preiswertere Heritage-Züge auf Genusskurs gebracht: den „Royal Orient" in Rajasthan und im benachbarten Gujarat *(www.royalorienttrain.com)* und den Insider Tipp „Royal Train" *(www.heritageonwheels.net)*, der von Delhi aus über Jaipur acht Tage durch Rajasthan fährt.

FAMILIE

Indiens größtes Problem ist das Bevölkerungswachstum. Binnen dreieinhalb Jahrzehnten hat sich die Einwohnerzahl verdreifacht, auf jetzt mehr als eine Milliarde. Der aufstiegsorientierte Mittelstand strebt die kleine Familie an – erkennbar auch am Zeichen „Mann + Frau = Kind", das die Ein-Kind-Familie empfiehlt. Die ärmeren Leute auf dem Land aber erhoffen sich möglichst viele Söhne. Denn Töchter kosten Mitgift bei der Heirat und gehören danach zur Familie des Mannes, tragen also zur Altersversorgung der Eltern nichts bei. Daher wird häufig das grausame Mittel vorgeburtlicher medizinischer Selektion angewandt, selbst Kindesmord kommt in abgelegenen Gegenden vor. Ärzte dürfen mittlerweile keine Auskunft mehr über das Geschlecht ungeborener Kinder geben.

Noch immer fehlt eine staatlich geregelte Altersversorgung. Alle Solidarität, alle Last der Pflege ruht allein auf der Familie, die in der Werteordnung der Inder gleich welcher Religion eine große Rolle spielt. Familien halten fest zusammen, und die meisten jungen Leute akzeptieren immer noch die traditionelle *arranged marriage* statt einer *love marriage:* Die Familie trifft die Partnerwahl – mit dem Ziel, den Familienverband stabil zu halten.

GÖTTERWELT

Millionen Götter kennt der Hinduismus, aber nur eine göttliche Kraft. Die Hauptgötter sind Shiva und Vishnu. Vishnus Unerschöpflichkeit drückt sich durch die Vielzahl seiner Erscheinungsformen aus: etwa als dicker Zwerg, als Mann-Löwe, als Held Rama, als Freund Krishna. Sogar der ursprünglich als Schöpfergott verehrte vierköpfige Brahma wächst auf Bildern aus Vishnus Nabel hervor. Shiva dagegen gilt bei seinen Anhängern als der absolute Gott, der zerstört, aber zur Wiedererschaffung verhilft. Im Flammenkreis tanzend, zeigt sich sein Doppelwesen. Viel öfter als Shiva und Vishnu werden Sie aber zwei anderen Göttern in Tempeln begegnen: Der elefantenköpfige Ganesha wird als Gott der glücklichen Überwindung von Hindernissen hoch verehrt, und die vierarmige Lakshmi gilt als Spenderin von Gold und Glück.

Kochstellen dient. Die Kühe sind Symbole des Lebens und der Freigebigkeit. Die meisten sind nicht herrenlos, wenn ihre Eigentümer aber bettelarm sind, ist auch die Kuh dürr. Kühe werden nicht geschlachtet. Wenn sie eines natürlichen Todes sterben, verwerten Kastenlose, die auch Leder verarbeiten, die Kadaver.

Heilige Kühe haben immer Vorfahrt, ob mit oder ohne Festschmuck

HEILIGE KÜHE

Sie legen sich mitten auf einer belebten Straße zur Wiederkäuerruhe und können sicher sein, dass die Autos bremsen oder scharfe Kurven um sie herum fahren. Sie werden als heilig verehrt, weil sie dem Menschen so viel Gutes bringen: Milch, Butterfett und Dung, der mit Stroh verknetet und getrocknet als Brennstoff für

HERITAGE-HOTELS

Als Maharaja Sawai Man Singh von Jaipur seinen Palast in ein Hotel umwandelte, zeigten sich seine fürstlichen Vettern indigniert. Es war das Jahr 1958, der indische Staat war noch jung, und das Palace Hotel Rambagh erschien als ein bedrohliches Symbol. Seither sind Dutzende von noblen historischen Wohnsitzen

– Forts und Paläste, Herrenhäuser und Havelis – zu sogenannten Heritage-Hotels umgewandelt geworden. Wenn Sie Schloss- und Burghotels lieben, sich gern in einem Palazzo oder Château einquartieren, sind Sie in Rajasthan richtig. Heute zählt Indien an die 200 Heritage-Hotels, der Großteil von ihnen liegt in Rajasthan. Nicht nur die Hotels wurden ganz individuell gestaltet, auch die meist mit historischem Mobiliar, alten Bildern und prachtvollem Dekor ausgestatteten Zimmer haben jeweils ihren ganz eigenen Charakter. Zwar können Sie nicht immer einen Farbfernseher erwarten, doch dafür viel Gastfreundschaft der Rajputenfamilien. *www.indianheritagehotels.com*

MOGULSTIL

Im frühen 16. Jh. ließen sich islamische Eroberer Nordindiens Prachtbauten von Architekten teils persischer und arabischer, teils indischer Herkunft errichten. Die Hindu-Maharajas zögerten nicht lange und nahmen diesen indoislamischen Baustil für ihre eigenen Residenzen in Anspruch. Seitdem wurden große Kuppelbauten, vor allem aber die farbig und formal dekorativen Steinsetzungen der Fassaden, wie sie im islamischen Orient überall üblich waren, auch im hinduistischen Indien eingeführt. Anfangs nur eine Mode, behauptete sich der Mogulstil bis in die britische Ära hinein. Markante Elemente sind schlüssellochförmige Fensterumrahmungen in Gestalt eines Hufeisen- oder Kielbogens.

Das geometrische Ornament und seine virtuosen Variationen haben ihren wohl wichtigsten Ursprung im Bilderverbot des Korans. Dies steht in extremem Kontrast zu der Figurenfülle, mit der Hinduarchitekten die Säulenhallen, Fassaden und Türme ihrer Tempel schmückten. In Rajasthan lässt sich die lebendige Koexistenz beider Stile beobachten: Auch neue Havelis brillieren mit ornamentaler Steinschnitzkunst im Mogulstil, während etwa der moderne Birla-Tempel in Jaipur eine Halle mit Flachdecke, Skulpturen und figurenreichen Bildern enthält.

REISBAUERN

Auch in Rajasthan, vor allem im Nordwesten, wird Reis angebaut. Indiens Kleinbauern gehören zu denen, die am härtesten von den weltweit stark ansteigenden Nahrungsmittelpreisen betroffen sind. Sinkende Erträge der Böden und finanzieller Druck lassen seit Jahren Bauern verzweifeln. Denn sie haben Schulden bei privaten Geldverleihern, weil die Banken ihnen keinen Kredit geben. Auch Erntehelfer lassen die Kleinbauern im Stich, weil sie in anderen Branchen besser bezahlt werden. Die Konsequenz für die Kleinbauern ist bitter – so bitter, dass sich viele bereits das Leben genommen haben.

TIERWELT

In der Halbwüste Thar werden Ziegenherden gerade noch satt. Abseits der vereinzelten Dörfer und Städte ist Platz für Wildtiere: Gazellenschlank und antilopenschnell huschen und springen sie davon, wenn sich auf der Sandpiste ein Jeep nähert. Zu den großen Antilopen zählen der *Black Buck* mit langen, spiralgedrehten Hörnern und die Nilgai-Antilope. Verwilderte Hunde, Wildschweine, auch Stachelschweine sind nicht selten. In den Schutzgebieten bekommt man mit etwas Glück Tiger und Leoparden zu sehen, den kleinwüchsigen *Sloth Bear* (zumeist in den Aravallibergen), die imposant großen Sambarhirsche und den kleineren Chital-Hirsch, dazu Hyänen und Schakale.

VEGETATION

Reichlich Wüstensand – das überrascht nicht. Aber auch erstaunlich viel Grün hat der Wüstenstaat zu bieten: grüne Getreidesaaten, lichtgrüne Buschwälder und – vorzugsweise im Südosten – das pralle Grün von Reisfeldern. Um das Land zu bewässern, bauten schon in den Zeiten des Raj, der britischen Herrschaft bis 1947, einige Maharajas Stauseen und Kanäle. Die künstlichen Seen um Udaipur sind noch viel älter. Heute wird durch den 700 km langen Indira-Gandhi-Kanal Wasser aus den Himalayastaaten nach Rajasthan geleitet. Im westlichen und nordwestlichen Rajasthan, wo noch vor 15 Jahren außer dorniger Wüstenflora nichts gedieh, leuchten heute grüne Felder. In anderen Gebieten wurden riesige Grundwasserreservoire entdeckt und mit Pumpwerken erschlossen. Nur im äußersten Westen kommt angesichts von einigen hohen Sanddünen ein Saharagefühl auf. Und schon um die Mitte Rajasthans, um Jodhpur und Bikaner, beginnt die semiaride (halbtrockene) Wüste Thar. Wo sie nicht künstlich bewässert wird, behaupten sich weithin nur Akazien und Dorngebüsch, eine Grassteppe, aus der sich einzelne Bäume pittoresk hervorheben.

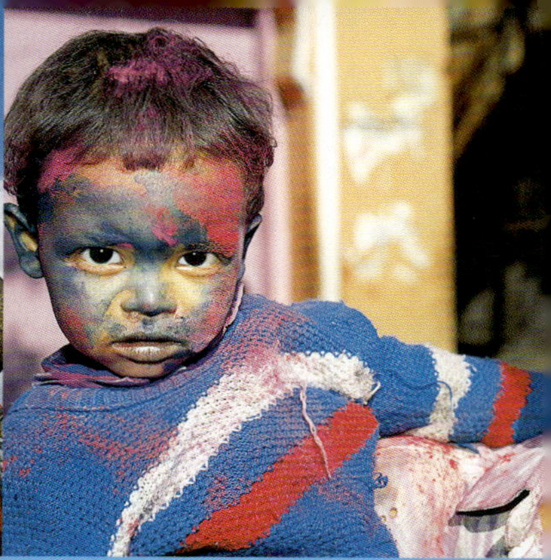

MIT VIEL MUSIK UND FEUERWERK

Tauchen Sie ein in die bunte Menge: auf Kamelmärkten und bei Wüstenfesten

> Die Termine sind vom Mondkalender abhängig, sie wechseln jedes Jahr. India Tourism in Frankfurt *(Tel. 069/242 94 90, www.india-tourism.com)* oder örtliche Tourismusbüros geben Auskunft. Fast alle Feste haben einen religiösen Hintergrund. Sie sind bunt, prächtig und werden mit viel Musik und Feuerwerk gefeiert. Ein festes Datum haben nur die Regierungsfeiertage: Republic Day (26. Jan.), Independence Day (15. Aug.) und der Geburtstag Mahatma Gandhis (2. Okt.). Nur an diesen Tagen haben alle Ämter und fast alle Läden geschlossen.

FEIERTAGE UND FESTE

Januar

Insider Tipp *Camel Festival* in Bikaner: Kamelrennen, Kameldressuren und Akrobatik der Kamelreiter. *8.–9. Jan. 2012, 26.–27. Jan. 2013, 15.–16. Jan. 2014*

Januar/Februar

Nagaur Fair in Nagaur: einer der ganz großen Vieh- und Kamelmärkte, mit Volkstanz und -musik, nicht so überlaufen wie Pushkar. *30. Jan.–3. Feb. 2012, 17.–20. Feb. 2013, 6.–9. Feb. 2014*

Baneshwara Fair: sehr ursprüngliches Tempelfest mit Jahrmarkt, Gesang und Tanz am Flussufer. *3.–7. Feb. 2012, 21.–25. Feb.. 2013, 10.–14. Feb. 2014*

Desert Festival Jaisalmer: Das dreitägige Wüstenfest ist ein einziger Farbenwirbel. Mit Kamelpolo, Marionetten, Schwerttänzen und Akrobaten. *5.–7. Feb. 2012, 23.–25. Feb. 2013, 12.–14. Feb. 2014* Insider Tipp

März/April

Elefantenfestival Jaipur: prächtig geschmückte Elefanten, auch Kamele und Pferde. Mit Umzügen und Elefantenpolo. *7. März 2012, 26. März 2013, 16. März 2014*

Holi: Das Fest der Farben wird überall in Nordindien gefeiert. Man bespritzt Passanten mit Farben. *8.–9. März 2012, 27.–28. März 2013, 17.–18. März 2014*

Gangaur Festival in Jaipur: Fest zu Ehren der Göttin Parvati (Gauri), das in einer farbenfrohen Prozession der Frauen gip-

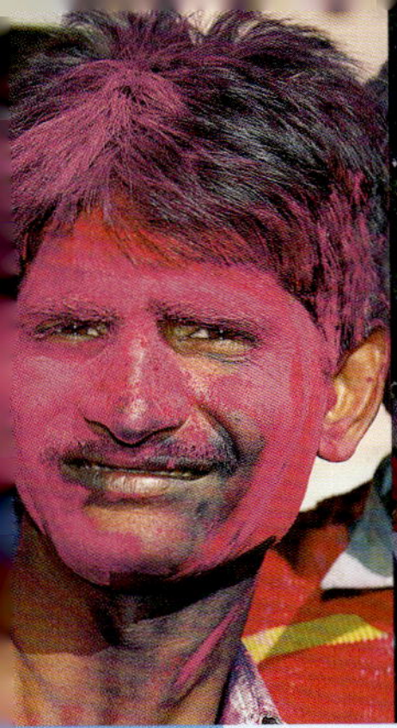

> EVENTS FESTE & MEHR

felt. *25.–26. März 2012, 13.–14. April 2013, 2.–3. April 2014*

Mewar Festival in Udaipur: Frühlingsfest besonders der Frauen, am Gangaur-Ghat des Sees Pichola. Mit Gesängen, Tänzen, Prozessionen und Feuerwerk. *25.–27. März 2012, 13.–15. April 2013, 2.–4. April 2014*

Mai

Summer Festival in Mount Abu: Konzerte und Tänze. *15.–17. Mai 2011, 4.–6. Mai 2012*

Juli/August

Teej Fair & Festival in Jaipur: Zu Ehren der Götter Shiva und Parvati wird mit Tänzen und Prozessionen die Monsunzeit gefeiert. *2.–3. Aug. 2011, 22.–23. Juli 2012*

September/Oktober

Insider Tipp *Dussehra Mela* in Kota (auch an vielen anderen Orten): großer Markt mit Musik, Umzügen und Theater, gefeiert wird der Sieg des Gottes Rama über den Dämonenkönig. *4.–6. Okt. 2011, 22.–24. Okt. 2012, 12.–14. Okt. 2013*

Oktober/November

Marwar Festival in Jodhpur: Folklorevorführungen mit traditionellen Balladen bei Vollmond. *10.–11. Okt. 2011, 28.–29. Okt. 2012, 17.–18. Okt. 2013*

Pushkar Fair in Pushkar: Beim größten Kamel- und Viehmarkt Rajasthans pilgern Gläubige auch zum Brahma-Tempel am heiligen Pushkar-See. *2.–10. Nov. 2011, 20.–28. Nov. 2012, 9.–17. Nov. 2013*

Chandrabagha Fair in Jhalawar: Auch im äußersten Südosten Rajasthans wird traditionell ein Viehmarkt *(mela)* veranstaltet, Pilger baden im heiligen Fluss Chambal. *9.–11. Nov. 2011, 27.–29. Nov. 2012, 16.–18. Nov. 2013*

Diwali: Beim winterlichen Lichterfest feiert man in ganz Nordindien Ramas Heimkehr mit seiner geretteten Frau Sita. Öllämpchen vor der kleinsten Hütte, Lichterketten, Feuerwerk. *26. Okt. 2011, 13. Nov. 2012, 3. Nov. 2013*

> GEMÜSE UND GEWÜRZE

Für Liebhaber vegetarischer Gerichte ist die indische Küche ein Paradies. Vor der Schärfe müssen Sie sich in Acht nehmen!

> Gut essen gehen? In Indien sind die besten Adressen fast überall die Restaurants der guten und besten Hotels. Fast nur in den größten Großstädten – in Rajasthan nur in Jaipur – gibt es eine Kultur der Stadtrestaurants.

Abgesehen von kleineren Hotels mit nur etwa einem Dutzend Zimmern, sind *non-residents* – also keine Hotelgäste – in den allermeisten Hotelrestaurants willkommen. Sie treffen darum in den Hotelrestaurants auch viel indisches Publikum und können in individuell gestaltetem Ambiente oft eine schöne Aussicht oder Musik- oder Tanzvorführungen genießen. Besonders in Restaurants der internationalen Sternehotels wird oft eine vorsichtig bereitete, also nicht so stark gewürzte indische Küche serviert. Das original indische Aroma finden Sie eher in den wenigen guten Stadtrestaurants. Häufig ist das Angebot dort wie in den Hotels *multi-*

ESSEN & TRINKEN

cuisine, das heißt, außer indischen stehen europäische *(continental)* und chinesische Speisen auf der Karte, die dennoch nicht ohne indische Gewürze auf den Tisch kommen.

Die Gewürze! Die meisten sind durchaus nicht beißend scharf, nur vor Chilipfeffer sollten Sie sich in Acht nehmen. Empfehlenswert ist die Bitte *Not spicy, please, not too hot!* bei der Bestellung. Wenn Sie Glück haben, ist dann die Schärfe gerade noch erträglich. In einfachen Straßenrestaurants ist die Verständigung oft ein Problem, auch die hygienischen Zustände sind kaum kontrollierbar. Wer einen Besuch riskiert, darf keine Einwände gegen scharfe Speisen haben – eventuell hilft die Schärfe sogar gegen manche Keime.

Die Mehrzahl der indischen Restaurants, vor allem die einfachen, kocht nur vegetarische Speisen *(veg).* Da Hindus kein Rindfleisch essen (heilige Kühe!), Muslime kein Schweinefleisch (unrein!), bleiben ohnehin nur Geflügel- und Schaffleisch übrig. Auch in guten Restaurants ist das Fleisch oft etwas trocken und zäh. Die Stärke der indischen Küche liegt in der phantasievollen Zubereitung von Gemüsen. Die Gemüsesorten sind dieselben wie in Europa, dazu kommen viele Hülsenfrüchte: verschiedene Linsenarten, Bohnen und Kichererbsen. Bei der Zubereitung erfinden indische Köche Gewürzkombinationen in den abenteuerlichsten Varianten: Zimt und Koriander im Blumenkohl, Senfkör-

> SPEZIALITÄTEN

Genießen Sie die typisch rajasthanische Küche!

SPEISEN

barfi – Süßspeisen aus eingedickter Milch, Spezialität besonders in Bikaner

chicken tikka – mariniertes, im Tonofen Tandoori gebratenes Huhn ohne Knochen

dal – würziger Linsenbrei, gehaltvolle Speise der Landbevölkerung

halwa – Süßspeise aus Mandeln, manchmal mit Karotten

jalebis – Fettgebackenes, getränkt in Sirup – sehr beliebt

kachri – kürbisartiges Gemüse, das in der Wüste wächst

korma – in Joghurt geschmortes Fleisch

palak panir – Würfel aus mildem Käse in gewürztem Spinat

pulao – Reis mit Butterfett und Nüssen, aus der Mogulküche übernommen

raita – Joghurt mit Gemüse- oder Fruchtstücken, sehr gut zum Mildern von scharfem Essen

sangri – Hülsenfrucht eines Baums, mit Bohnen in gewürztem Joghurt gekocht

sogra – dunkles Fladenbrot aus Hirsemehl, mit Ghee (flüssigem Butterfett) – aus der Wüstenregion

sulla – Lammfleisch, in Gewürzen mariniert, über Holzkohle gegrillt

thali – in kleinen Schüsseln servierte Gemüsesorten, Chutneys, Linsenbrei, Fladenbrote (Foto)

white lamb – Lammfleisch in Joghurt mit Mandeln, weißem Pfeffer und Cashewnüssen geschmort: ein Rajputenfestmahl!

GETRÄNKE

fresh lemon soda/lime soda – Sodawasser (aus verschlossenen Kronkorkenflaschen) mit Zitronen- oder Limettensaft

lassi – Joghurtgetränk, entweder mit einer Prise Salz, pur oder mit gepresstem Fruchtsaft serviert

masala chai – schwarzer Tee, mit Ingwer, Nelken, Anis und Milch gekocht. Belebt in der Hitze, wärmt an kühlen Abenden

orange juice – frisch gepresster Orangensaft, auch auf der Straße zu haben. Achten Sie auf die Sauberkeit bei der Herstellung!

ner an den Kartoffeln, Ingwer bei den Mohrrüben. In gehaltvollen, gewürzten Saucen, Curry genannt, werden dann zumeist die Gemüse oder das Fleisch gegart. Es gibt auch trockene Reisgerichte, die Fleisch, Gemüse oder Nüsse enthalten *(biriyani)*. Zum Curry isst man Fladenbrote *(rotis)*, meist *chapattis* aus Weizen- oder Gerstenvollkornmehl, seltener aus feinem Weizenmehl *(nan)*.

Die indische Küche ist berühmt für ihre Süßspeisen. Häufig sind sie aus eingekochter Milch zubereitet – dazu Zuckersirup, Rosenwasser, Zimt und Safran. Wem das zu süß ist, sollte zu Schalenfrüchten wie Bananen, Orangen und Ananas greifen. Vorsicht ist bei Speiseeis angebracht, wenn es offen verkauft wird. Besser, Sie kaufen abgepacktes Markeneis.

Zu trinken gibt es in erster Linie mit Milch aufgekochten schwarzen Tee. Den von Europäern hoch geschätzten Darjeeling bekommen Sie selten angeboten. Wer keinen oder wenig Zucker zum Tee nehmen, bestellt *chini nahin* oder *chini kam*. Seien Sie vorsichtig mit dem Wasser, das in Karaffen auf jedem Restauranttisch und in jedem Hotelzimmer steht, auch wenn beteuert wird, es sei gefiltert. Hygienisch unbedenklich ist stilles Mineralwasser aus originalverschlossenen (!) Flaschen, ebenso Limonaden wie Cola oder Fanta. Eiswürfel sind nicht zu empfehlen, weil sie meist nur gefrorenes Leitungswasser enthalten.

Auch Bier ist eine Alternative. Wer härtere Getränke wünscht, sollte zu den besten Marken indischer Produktion greifen. Sie sind im Vergleich zu importierten Spirituosen deutlich preisgünstiger. Alkoholische Getränke können Sie außer in Hotels und lizenzierten Restaurants nur in besonderen *wine shops* kaufen, zu deren Angebot auch gelegentlich indische Weine gehören. Unterstützt von französischen Winzern, haben die indischen ihre Rebsorten deutlich

Insider Tipp

Fürstliches Frühstück auf Rajputenart

verbessert, zugleich sind die Anbaugebiete gewachsen. Manche Tage sind per Verordnung zu alkoholfreien *dry days* erklärt. Freundliche Wirte umgehen manchmal die Vorschrift, indem sie Bier in Milchbechern oder Kaffeetassen servieren.

Zur Beruhigung: Die Gefahr, sich beim Essen und Trinken in Indien den Magen zu verderben, ist nicht so groß, wie manche glauben. Einfaches Rezept zur Gesundung: einige Tage Fastenkur, mit Toast und etwas Tee. Wichtig ist, sich den Magen nicht zu sehr zu füllen. Ein schwerer Lunch nach einem Vormittag, den Sie im Bus verbracht haben, ist in der Hitze unverträglich.

TAUSENDUNDEINE PRACHT

Schmuck und Seide, Spiegel und Schnitzereien: orientalisches Flair auf Rajasthans Basaren und Märkten

> In Rajasthan lässt es sich wunderbar einkaufen. All die Stoffe und Antiquitäten, die Marionetten, die Schnitzereien aus Sandelholz und Kamelknochen, die Lederarbeiten, die Gewürze! Als Einkaufsstadt für Touristen – ausländische wie indische – hat sich vor allem Jaipur etabliert. Juweliere, Teppichhallen, Anbieter von Kunsthandwerk und Seide reihen sich vor allem an der Amber Road (Richtung Amber, nördlich der Altstadt). Nicht vergessen: Entscheiden Sie selbst, wo Sie einkaufen wollen! Wenn Sie einem Schlepper *(tout)* zum angeblichen „Laden meines Onkels" folgen oder sich von Ihrem Fahrer zu einer „extraprima Adresse" befördern lassen, zahlen Sie bis zu 50 Prozent Aufschlag! Denn die fällige *commission* addiert der Ladenbesitzer auf den Preis.

GEWÜRZE

Beliebt als Mitbringsel wie für den eigenen Bedarf daheim sind Gewürze. Sie sind im Koffer gut unterzubringen und schön leicht. Mit drei, vier Stangen Vanille oder einem Päckchen Pfeffer macht man schon Freude. Am besten kaufen Sie Gewürze auf dem Basar. In Jodhpur beim Uhrturm haben Sie zum Preis- und Qualitätsvergleich gleich eine Reihe von Gewürzhändlern beieinander.

KERAMIK

Keramik in ursprünglichen bäuerlichen Formen können Sie in kleinen Orten erstehen. Für Jaipur typisch ist die sehr dekorative „blaue" Keramik. Wunderbare große Stücke figürlicher Terrakotta (Tiere, Götterbilder) finden Sie im Dorf Molela nördlich von Udaipur.

MINIATURMALEREI

Miniaturmalerei mit Szenen aus dem Hofleben (Jagd und Liebe) oder aus den Göttersagen (Krishna) gehört zu den wichtigsten traditionellen Künsten in Rajasthan. Käufliche Bilder sind meist neu, je detailreicher, desto kostbarer.

> EINKAUFEN

SCHMUCK

Ein beliebtes Souvenir ist traditioneller Schmuck aus schwerem Gold, zum Teil mit kostbaren Steinen oder Emaillierungen besetzt. Meist wird 22-karätiges Gold verwendet, bei Silber beträgt der Gehalt etwa 70 Prozent. Silberschmuck wird oft mit farbigen Halbedelsteinen kombiniert (wie Malachit, Lapislazuli oder Tigerauge). Der Preis der Schmuckstücke richtet sich meistens nach dem Gewicht.

SEIDENSTICKEREIEN & WANDBEHÄNGE

Typisch für Rajasthan ist Seidenstickerei auf Baumwolle. Muster in großen glänzenden Stichen schmücken Decken und Kissenplatten in wild-bunten Kontrasten oder Ton in Ton. Sehr beliebt sind auch eingestickte runde Spiegel auf Decken, Taschen und Westen und die großen Wandbehänge und Bettüberdecken, die aus breiten, in Gold und Silber schimmernden Brokatborten zusammengenäht sind.

STOFFE

Die traditionellen Baumwollstoffe sind preiswert und farbenfroh. So bieten die *blockprints* (mit hölzernen Druckstöcken hergestellt) und die *tie-and-dye-Stoffe* (in Abbindetechnik gefärbt) phantasievolle Muster für Decken, Kissen und Tücher. Die meisten Läden nennen Ihnen Adressen von Schneidern, die Kleidung nach Maß herstellen. Bringen Sie Muster mit!

TEPPICHE

Nahe Jodhpur blüht die Produktion von Webteppichen, den meist aus Baumwolle produzierten *dhurries.* Sie entstehen in frischen Farben und Mustern auf ebenerdigen, selbst gebauten Handwebstühlen. Sie können sich von verlässlichen Herstellern Teppiche schicken lassen (zollfrei, als Kunsthandwerk), etwa von Roopraj Prajapati in der Dorfkooperative Salawas bei Jodhpur.

> WO MAHARAJAS UND TIGER LEBEN

Im Osten von Rajasthan finden Sie neben spektakulären Palästen und schönen Tierparks auch viel Ruhe

> Drehscheibe der Region ist die Millionenstadt Jaipur. An ihr kommt kaum ein Rajasthan-Reisender vorbei – zum Glück. Die Landeshauptstadt ist nicht nur quirliger Verkehrsknotenpunkt, sondern auch eine der wenigen Städte Indiens, in denen es Spaß macht, spazierenzugehen.

Nach Jaipur kommen Sie für indische Verhältnisse recht zügig: Der Flug von New Delhi dauert 40 Minuten, der Rajdhani-Express braucht für die gleiche Strecke rekordverdächtige viereinhalb Stunden, und die vierspurige Nationalstraße N8 gehört zu den besten in Indien. Östlich von Jaipur schlummern die wenigen Städte Rajasthans mit ihren grandiosen Palästen einen Dornröschenschlaf – ein Besuch verspricht wunderbare Entdeckungen. Die großen Nationalparks im Osten Rajasthans bieten Gelegenheit zu Begegnungen mit frei lebendem Wild oder riesigen Vogelschwärmen. Der Keoladeo Ghana

Bild: Hawa Mahal in Jaipur

JAIPUR & DER OSTEN

National Park ist berühmt für sein Vogelreservat, im Sariska National Park sind Hirsche und Antilopen beheimatet, und der Ranthambore-Nationalpark bietet Tigern und Leoparden Schutz in einer ursprünglichen Dschungellandschaft.

ALWAR

[115 D5] **Die uralte, bereits im 2. Jh. v. Chr. im indischen Heldenepos Mahabharata erwähnte Königsresidenz Alwar (260 000 Ew.) liegt abseits der touristischen Routen.** Inmitten der felsigen Aravallihöhen ragt das Fort Bala Quila über der Stadt auf, über ihren geschäftigen Basaren und zumeist verschlossenen Palästen.

SEHENSWERTES

CITY PALACE (VINAI VILAS MAHAL)

Eine monumentale Kuriosität ist der Mitte des 19. Jhs. erbaute Stadtpa-

Vogelparadies: Sibirischer Kranich im Keoladeo Ghana National Park

last. Die meisten Räume können Sie allerdings nicht besichtigen – dort sind Regierungsstellen untergebracht. Das öffentlich zugängliche *Government Museum* im opulent ausgebreiteten Palastkomplex ist nicht leicht zu finden. Über Höfe, durch schwere Tore, an lauter Amtsstuben vorbei steigen Sie im Halbdunkel über Rampen und Treppen zum fünften, obersten Stockwerk hinauf: zu den Skulpturen aus dem 11. Jh., silbernen Tischen, Jagdtrophäen, Waffen, Musikinstrumenten und einem Marmorspucknapf mit Golddekor. Im Saal der Kalligrafien und Miniaturen sind neben Werken der berühmten Bundi-Malschule auch meterlange Rollbilder und Mogulporträts ausgestellt. *Sa–Do 10 bis 16.30 Uhr*

ESSEN & TRINKEN ÜBERNACHTEN

HOTEL ALWAR

Zentral gelegen, mit angenehmem Garten, TV und Kühlschrank. Das Restaurant *Dawat* im gleichen Haus ist die beste Adresse in Alwar, mit nordindischer und chinesischer Küche *(Mo geschl.). 14 Zi. (teils AC) | 26, Manu Marg | Tel. 0144/270 00 12 | Fax 233 59 01 | ukrustagi@rediffmail.com* | €

AUSKUNFT

TOURIST RECEPTION CENTRE

Nehru Marg | gegenüber vom Bahnhof | Tel. 0144/234 73 48

ZIELE IN DER UMGEBUNG

DEEG [115 E5]

Das ländliche Städtchen (40 000 Ew.) prunkt mit einem der schönsten Garten- und Palastareale. Deeg hat eine stolze Vergangenheit: Im frühen 18. Jh. wurde es unter Suraj Mal Hauptstadt eines Kleinstaates, später die Sommerresidenz der Bharatpur-Herrscher. Von den alten Glanzzeiten künden noch die über 20 m hohen Wälle, Mauern und Bastionen des 1804 von den Briten eroberten Forts. Der 1763 erbaute *Gopal Bhavan Palace* wurde stattlich wiederhergestellt – mit Gärten, Nebenpalästen, Pavillons, Wasserreservoiren und einem Tempel. Throne und eine Schaukel aus Marmor stammen noch von einem Beutezug Suraj Mals gegen das Delhi der Moguln. Zum Monsunfest im August sprudeln Hunderte von Fontänen und Wasserspielen, und zwar ohne Pumpen, allein nach dem Prinzip kommunizierender Röhren. *Tgl. 8–17 Uhr. Ca. 100 km östlich*

KEOLADEO GHANA NATIONAL PARK [115 E5]

Einer der berühmtesten, meistbesuchten Nationalparks Indiens ist ein Mekka der Vogelkundler, die bis zu 370 Vogelarten antreffen, u.a. Sibirische Kraniche. Das Parkgelände umfasst 29 km², teils Dornbusch-, teils Waldgelände, vor allem aber Feuchtzonen. Bei mehrjährig schwachem Monsunregen blieben in letzter Zeit allerdings viele Zugvögel aus. Der See hat sich durch den Wassermangel dramatisch verkleinert. Das ursprünglich trockene Buschland hatte ein Maharaja von Bharatpur vor 1900 mit Dämmen und Kanälen bewässert und für die Vögel attraktiv gemacht – vorzugsweise, um sie mit seinen Gästen in aberwitzig großer Zahl abzuschießen. Beste Besuchszeit ist zwischen Oktober und März, im Sommer wird es tagsüber sehr heiß. *April–Sept. tgl. 6–18 Uhr, Okt.–März tgl. 6.30–17 Uhr | Leihräder, Fahrradrikschas, Bootsfahrten, auch mit kompetenten Führern*

Unterkunft finden Sie in der *Forest Lodge (18 Zi. | Tel. 05644/ 22 27 22 | Fax 22 28 64 | €)* oder im *Birder's Inn (20 Zi. | Tel. 05644/ 22 73 46 | www.birdersinn.com | €)*, Insider Tipp einem Treffpunkt der Vogelexperten mit angenehm urigem Restaurant. *Auskunft: Tourist Reception Centre | Tel. 05644/22 25 42 oder 22 27 77. 116 km südöstlich*

3 km nördlich vom Park liegt *Bharatpur* (160 000 Ew.) mit dem *Lohagarh Fort*. Hinter dessen mächtigem, teils zerstörtem Mauerring gibt es drei Paläste aus dem 18. Jh. zu sehen, in einem ist das *Jewel House* untergebracht, in einem anderen das *Archäologie- und Kunstmuseum (Sa bis Do 10–16.30 Uhr)*.

SARISKA TIGER RESERVE AND NATIONAL PARK [115 D5]

Hügeliges Waldgelände mit einer Vielzahl von Nilgai-Antilopen (Indiens größten Antilopen), von Sambar-Hirschen – ebenfalls den größten Indiens – und mit vielen Wildschweinen und schön gefleckten Chital-Hirschen: Das ist der 800 km² große Sariska-Park. 1955 gegründet, wurde der Park 1979 zum Tigerschutzgebiet, 1982 zum Nationalpark erklärt. Tiger werden Sie allerdings vorerst

MARCO POLO HIGHLIGHTS

★ **Bhuramal Rajmal Surana**
Diamantenfeuer im edlen Juweliergeschäft (Seite 37)

★ **Tiger Reserve Ranthambore**
Gute Chance, dass Ihnen eine Großkatze begegnet (Seite 41)

★ **City Palace**
Der Maharajapalast von Jaipur ist so groß wie ein Stadtviertel (Seite 35)

★ **Hawa Mahal Museum (Palast der Winde)**
Wo die Hofdamen sehen konnten, ohne selbst gesehen zu werden (Seite 35)

★ **Amber Palace**
Auf Elefantenrücken oder zu Fuß geht es hoch zu einem der prächtigsten Paläste Indiens (Seite 39)

nicht zu Gesicht bekommen. Wilderer haben sie abgeschossen. Auskunft: *Forest Reception Center | Jaipur Road | Tel. 0144/284 13 33*

In einem großen Park liegt das Heritage-Hotel *Sariska Palace*, ein ehemaliges Jagdschloss *(75 Zi., teils im neuen Anbau | Tel. 011/32 49 85 70 (Delhi) | Fax 46 51 56 59 | www.thesariskapalace.in | €€€). 35 km südwestlich*

SILISERH [115 D5]

Beliebtes Ausflugsziel mit See, Picknickplätzen, Bootsfahrten und einem schlichten Hotel direkt am Wasser. *Lake Palace | 10 Zi., teils AC | Tel. 0144/288 63 22 | €. 15 km westlich*

JAIPUR

KARTE IN DER HINTEREN UMSCHLAGKLAPPE

[115 D6] **In der rosafarbenen Altstadt, die Jaipur (1,8 Mio. Ew.) den Beinamen Pink City gegeben hat, lässt es sich gut flanieren und einkaufen – wenn Sie die trickreichen Schlepper abhängen.** In den Basargassen preisen Juweliere und Antiquitätenhändler ihre Ware an. Auf weißen Stoffbahnen, die auf Ladentischen oder dem Fußboden ausgebreitet sind, leuchten Schmuck und Edelsteine in Smaragdgrün, Rubinrot und Lapislazuliblau. Wem das Gedränge zu heftig wird, kann die Parks und Palastgärten am Stadtrand besuchen.

> BÜCHER & FILME

Von Rajputenkriegen und dem Alltag in der Wüste

> **Krishnas Schatten** – Vom Rajasthan der Rajputenkriege im 16. Jh. erzählt Kiran Nagarkar leichtfüßig in seinem 2002 erschienenen 700-Seiten-Wälzer. Die junge Dichterin und Sängerin Mirabai ist mit dem Kronprinzen von Mewar verheiratet, aber ihr Liebhaber ist Gott Krishna.

> **Indien. Die Frauen der Wüste Thar** – Das Dorfleben Rajasthans hat Hans Silvester in seinem prächigen Bildband eingefangen.

> **A History of Rajasthan** – Auf mehr als 1200 Seiten breitet Rima Hooja die Geschichte der Rajputen-Fürstentümer aus. Zwar nur auf Englisch erschienen, aber aktuell recherchiert.

> **Stadt der wilden Hunde** – Martin Mosebach, als Indienfahrer und Autor von Romanen über Indien bekannt, war in Bikaner am Rande der Thar-Wüste bei einer indischen Familie zu Gast. Seine 2008 erschienenen „Nachrichten aus dem alltäglichen Indien" berichten über die kleinen, ruhigen Dinge des Lebens. Ein interessantes Gegenbild zum Indien des Turbo-Tempos und Megawachstums.

> **Jodhaa Akbar** – Melodramatischer, opulenter Historienfilm von Ashutosh Gowariker (2007) über die Ehe des berühmtesten Mogulkaisers Akbar mit einer Hindufrau. Mit der Geschichtstreue nimmt es der Film allerdings nicht immer so genau.

> **Nanhe Jaisalmer** – Im Mittelpunkt der Bollywoodkomödie von Regisseur Samir Kamik steht ein zehnjähriger Junge, der in Jaisalmer als Kamelführer für Touristen arbeitet. Eines Tages lernt er sein Idol, den Schauspieler Bobby Deol, kennen.

City Palace: Die dekorative Audienzhalle ist nach allen Seiten hin offen

Rajasthans Hauptstadt ist für indische Verhältnisse jung. Sie wurde 1727 von Maharaja Sawai Jai Singh II. gegründet und nach dem Entwurf eines bengalischen Architekten erbaut. Das neunteilig geplante, nie ganz ausgeführte Rechteckraster symbolisiert nach Brahmanentradition den Hindukosmos – mit dem heiligen Berg Meru im Zentrum. 1876, zum Besuch Kronprinz Edwards, des Erstgeborenen von Queen Victoria, war eine Totalverschönerung fällig: Nach dem Muster der rosafarbenen Sandsteinpaläste wurde die ganze ummauerte Altstadt in der indischen Willkommensfarbe angestrichen. Ein Farbrausch mit teilweise abgeblättertem Charme: Denn mittlerweile vergessen viele Hausbesitzer ihre Pflicht, alle zehn Jahre zu renovieren.

SEHENSWERTES

CENTRAL MUSEUM (ALBERT HALL)

Pittoreske Architektur, erbaut ab 1876 von Sir Samuel Swinton Jacob, mit indischen Kunsthandwerkern. Gezeigt werden Juwelen, Malerei, Musikinstrumente und Keramik. *J. Nehru Marg | Sa–Do 10–17 Uhr*

CITY PALACE ★

Ein Siebtel der Altstadt nimmt das ummauerte Areal der seit 1730 im Mogulstil erbauten, bis 1900 noch immer vermehrten Paläste ein. Besonders schön sind die prachtvollen Tore mit Pfauendekor im Pfauenhof. In der privaten Audienzhalle *Diwan-i-Khas* können Sie zwei über 300 kg schwere Silbergefäße bewundern, die Sawai Madho Singh 1902 für seine Englandreise mit heiligem Gangeswasser füllen ließ. Dazu Sammlungen von kostbaren Textilien, Waffen, Miniaturmalerei und Manuskripten – und Tempel, Gärten und Brunnen. Der *Chandra Mahal* (Mondpalast) wird noch von der Maharajafamilie bewohnt. *Tgl. 9.30–17 Uhr*

HAWA MAHAL MUSEUM (PALAST DER WINDE) ★

Ein Wahrzeichen Jaipurs ist die Ostfassade des fünfstöckigen, 1799 erbauten Palastes. Hinter den zahlreichen kleinen, mit kunstvollen Steingittern verzierten Fenstern konnten die Hofdamen sittsam unsichtbar das Straßenleben beobachten. Auch heutigen Besuchern bietet sich von oben ein wunderschöner Panoramablick auf die Altstadt und den City Palace. Im Innern gibt es Skulpturen und Waffen zu sehen. *Am Ostrand des City-Palace-Areals | tgl. 9–16.30 Uhr*

JANTAR MANTAR

Das surreal anmutende Freiluftobservatorium wurde um 1730 nach Plänen des passionierten Maharajaastronomen und Stadtgründers Sawai Jai Singh II. gebaut. Die gemauerten Messinstrumente *(yantras)* können auf der Sternwarte teilweise betreten werden. Fragen Sie im Tourist Office nach einem sachkundigen Führer. Zu sehen sind u. a. eine 30 m hohe Sonnenuhr *(samrat),* zwei begehbare Marmorhalbkugeln zur Bestimmung der Position der Sonne und ein *dhruva,* mit dem sich der Polarstern und die zwölf Tierkreiszeichen lokalisieren lassen. Maharaja Sawai Jai Singh war auch, wie viele Inder bis heute, an Astrologie interessiert. Der *rashivalayas* besteht aus zwölf Scheiben für die Tierkreiszeichen. *Raj* (das königliche Instrument) wird einmal jährlich zur Berechnung des Hindukalenders genutzt, mit einem Teleskop und einer Scheibe zur Aufzeichnung der Beobachtungen. *Beim City Palace | tgl. 9–16.30 Uhr*

Jantar Mantar: Freiluftobservatorium mit riesigen steinernen Beobachtungsgeräten

Insider Tipp

LAKSHMI NARAYAN TEMPLE (BIRLA MANDIR)

In einem Park liegt der von der Birla-Stiftung finanzierte, üppig geschmückte Marmorbau der Jain-Gläubigen. Farbenprächtig leuchten die Glasfenster, die Göttermythen wie die Schöpfung des Ganges darstellen. Religiöse Toleranz signalisieren die Statuen: Madonna, heiliger Franziskus, Zarathustra und Konfuzius stehen einträchtig beisammen. *J. L. N. Marg | südlich der Altstadt*

SRC MUSEUM OF INDOLOGY

Dieses sehenswerte Privatmuseum eines Indienliebhabers stellt nicht nur Kuriositäten zur Schau, sondern ist auch eine Art ethnologische Dokumentation. *24, Gangwal Park | tgl. 8–18.30 Uhr*

ESSEN & TRINKEN

Auf der sicheren Seite sind Sie, wenn Sie einen Tisch in einem der großen Hotels reservieren – bei Preisen, die einem guten Restaurant in Mitteleuropa nahe kommen.

Insider Tipp

BARISTA LAWAZZA

Hier treffen sich Jaipurs junge Leute an Kaffeehaustischen der erfolgreichen Kette. Es gibt gutes Gebäck und guten Kaffee – und einen kleinen Buchladen. *Bhagwan Das Road, gegenüber dem beliebten Rajmandir Cinema | Tel. 0141/5108958* | €

NATRAJ

Dieses gemütliche, kleine Restaurant gibt es schon seit den 1960er-Jahren. Auf der Speisekarte stehen vegetarische Multicuisine-Gerichte. *M. I. Road | Tel. 0141/237 58 04* | €

NIRO'S

Das 1949 eröffnete, fast elegante Restaurant ist die erste Adresse außerhalb der großen Hotels. Es serviert Tandoorispezialitäten und feine vegetarische Gerichte. *M. I. Road | Tel. 0141/237 44 93* | €€

OM REVOLVING RESTAURANT

Insider Tipp

Vom Restaurant auf der Drehscheibe eines Hochhauses können Sie neben der Multicuisine auch einen schönen Blick auf Jaipur genießen. *Church Road/M. I. Road | Tel. 2366683* | €€

EINKAUFEN

ANOKHI

Aktuelle indische Mode, Filialen in Jodhpur und Udaipur. *C-11, Prithviraj Road | C-Scheme | www.anokhi.com*

BHURAMAL RAJMAL SURANA ★

Glitzern auf höchstem Niveau: Verkauft werden Spitzenjuwelen, auch Erschwingliches, in 200-jähriger Familientradition. *D-68, J. L. N. Marg, beim Police Memorial | www.suranas.com (auch im Johari Basar, Lal Katra)*

KRIPAL KUMBH

Kripal Singh Sekhawat ist Keramiker von hohem Rang. Mit etwas Glück oder angemeldet treffen Sie den Künstler auch selbst an. Große Auswahl an *blue pottery. B-18A, Shiva Marg, Bani Park (Wohnung, Atelier und Showroom in einem)*

RAJASTHAN CRAFT INDUSTRIES

Hier können Sie Kunsthandwerk und Teppiche erstehen. *45, Haji Jumma Colony, Amber Road*

RATAN TEXTILES
Handdrucke, eigenes Design und Produktion. *Papriwal Cottage, Ajmer Marg (nahe Rückseite Jaimahal Hotel)* | *www.ratantextiles.com*

ÜBERNACHTEN

Wer Palasthotels liebt, wird in Jaipur mit seiner großen Auswahl glücklich. Aber auch Einfaches und Preisgünstiges ist unter den fast 100 Hotels empfehlenswert.

ARYA NIWAS HOTEL
Praktisch ausgestattet, mit Innenhof, Rasen, Dachterrasse, Laden, Internet. *90 Zi.* | *Sansar Chandra Road* | *Tel. 0141/237 24 56* | *Fax 236 18 71* | *www.aryaniwas.com* | €

MADHUBAN
Sehr gepflegtes, komfortables, von Rajputen-Familie geführtes Hotel im indischen Dekor. Mit guter Küche, Garten und Pool. Abholservice vom Busbahnhof und Bahnhof. *D-237, Behari Marg, Bani Park* | *Tel. 0141/220 00 33* | *Fax 220 23 44* | *www.madhuban.net* | €–€€

NAILA BAGH PALACE Insider Tipp
Auch im Interieur authentisch erhaltener Palast von 1872 mit Park, Pool und Kunstgalerie. *Mooti Doongri Road, nordöstlich vom Birla Tempel* | *Tel. und Fax 0141/260 74 92* | *www.nailabaghpalace.com* | €€

RAMBAGH PALACE (TAJ) Insider Tipp
Der frühere Palast der Maharaja-Familie ist seit 1950 ein Hotel, opulent vom Speisesaal bis zum riesigen Park. Traditionsreiche Polobar, *tea time* auf der Terrasse, Tennis- und Golfclub. *95 Zi. und Suiten* | *Bhawani Singh Road* | *Tel. 0141/*

> BLOGS & PODCASTS

Gute Tagebücher und Files im Internet

- > *www.cuttingchai.com* – Wer den Podcast „Learn Hindi from Bollywood Movies" nur als Sprachkurs nutzt, versäumt das Beste: Der Wahl-New-Yorker Arun Krishnan versorgt seine Hörer mit einem Gemisch aus surrealen sowie mehr oder weniger ernstgemeinten Schilderungen Indiens – und außergewöhnlichen Links zu Bollywood-Filmszenen.
- > *http://rajasthan.blog.de/* – Deutschsprachiger Reiseblog einer Tour durch den Wüstenstaat. Selbstbewusste Kommentare und viele Bilder.
- > *http://gunguroo.blog.de/* – Die deusche Bloggerin ist mit einem Inder verheiratet und lebt in Udaipur. Ihre ausführlichen, regelmäßigen Berichte über ihren Alltag in Indien lesen sich alles andere als alltäglich. Auch viele Fotos.
- > *http://nosianai.blog.de/* – Daniela Schwarz' Seitenblicke auf die indische Gesellschaft und ihren Alltag sind vielseitig. Die junge Deutsche lebt mit Mann und Kind in Mumbai und berichtet fast täglich aus der Metropole.

Für den Inhalt der Blogs & Podcasts übernimmt die MARCO POLO Redaktion keine Verantwortung.

221 19 19 | Fax 238 50 88 | www.tajhotels.com | €€€

AUSKUNFT

Der *City Guide PINK CITY* mit aktuellen Infos über Ausstellungen, Veranstaltungen und mehr ist für 60 Cent in Hotels, Kiosken etc. erhältlich.

TOURIST RECEPTION CENTRE

Govt. Hostel M.I. Road | Tel. 0141/ 511 05 98 | www.rajasthantourism.gov.in

ZIELE IN DER UMGEBUNG

AMBER (ODER AMER) [115 D6]

Amber war Hauptstadt der Kachhawaha-Dynastie, bevor sie nach Jaipur zog. Der ★ *Amber Palace,* einer der schönsten Paläste Indiens, thront über der Stadt (10000 Ew.). Vollendet im 17./18. Jh., wurde mit dem Palastbau schon um 1600 zur Zeit des Großmoguls Akbarist begonnen. Er ist prachtvoll mit Spiegeln, Silber und Säulen geschmückt.

Steiler Aufstieg zum Amber Palace: zu Fuß oder auf dem Elefantenrücken

Sie können den steilen Aufstieg zu Fuß oder auf dem Elefantenrücken bewältigen – ein Erlebnis ist er allemal. Vom Palast bieten sich weite Ausblicke auf schroffe Felsen. Noch höher gelegen ist das *Fort Jaigarh* mit seinen langen Mauern und einer riesigen alten Kanone. *Beide tgl. 9–16.30 Uhr. 11 km nördlich*

GAITORE [115 D6]

Hier stehen marmorne Gedächtnispavillons *(chhatris)* für die Maharaja-Familie. Besonders schön ist der *chhatri* für den Gründer Jaipurs, Sawai Jai Singh II. Gegenüber im *Man Sarobar Lake* ist der *Jal Mahal Palace* von 1735 über einen Damm im flachen See zugänglich. *7 km östlich*

GALTA [115 D6]

Das Pilgerzentrum mit Surya-Tempel (für den Sonnengott), Palästen und rituellem Bad ist am Kamm einer malerischen Bergschlucht gelegen. Gärten und Bauten im Talgrund werden vom Hindustani Charity Fund restauriert. Die Anlage ist bei Indern sehr beliebt für den Familienausflug. Auch Hunderte von Affen fühlen sich hier wohl. *11 km östlich*

SAMODE [114 C5]

In den nördlichen Aravallihügeln lohnt der Abstecher zu dem ummauerten Bergstädtchen (2000 Ew.) mit Havelis und Kunsthandwerkern. Bergwanderungen und Kamelritte werden vom *Samode Palace* arrangiert, einem Heritage-Hotel, das in Steillage über dem Ort thront. Er ist einer der prächtigsten Paläste weit und breit – mit reich dekorierter Halle, Gartengrün im Mogulstil und Swimmingpool. *38 Zi. | Tel. 0141/263 23 70 | Fax 263 13 97 | reservations@samode.com | €€–€€€. 42 km nördlich*

SANGANER [115 D6] Insider Tipp

Die Stadt (etwa 20 000 Ew.) ist eine Fundgrube für Liebhaber von handgeschöpften Papieren und Handdruckstoffen. Die schönen Einkaufsmöglichkeiten (z. B. bei *Handmade Paper & Board Industry | Gramodyog Road | Tel. 0141/273 02 22 | www.handmadepaper.com)* sind zumeist billiger als in Jaipur. Sie können die Werkstätten auch besuchen. *16 km südlich, nahe dem Flughafen*

SISODIA-GÄRTEN [115 D6]

Die im Mogulstil errichteten Gärten mit ihren Springbrunnen, bemalten Pavillons und Wasserkanälen sind ein schönes Beispiel der indischen Gartenkultur im Jaipur des 18. Jhs. Über den Sidosia-Gärten liegen in mehreren Terrassenstufen die Palastgemächer des Hofstaats *(tgl. 8–18 Uhr)*. Der benachbarte *Vidyadhar-Garten (tgl. 8–18 Uhr)* stammt gleichfalls aus dem 18. Jh. Er wird abends beleuchtet. *7 km südöstlich (Richtung Agra)*

Farbenrausch: In Sanganer trocknen gefärbte Tücher in der Sonne

Im Tiger Reserve Ranthambore: Rund 30 Großkatzen leben im Park

TIGER FORT (NAHARGARH) [115 D6]
Eine Landmarke auf einem Steilfels über Jaipur: Über einen 2 km langen Weg geht es hoch zum 1734 erbauten kleinen Fort inmitten mächtiger Mauern *(tgl. 10–17.30 Uhr)*. Im *Durg Café* werden Bier und andere kleine Stärkungen angeboten, auch bescheidene Übernachtungsmöglichkeiten. Ganz in der Nähe liegt der felsige *Nahargarh Biological Park*, in dem Sie mit Glück Rotwild beobachten können. *15 km nördlich*

RANTHAMBORE NATIONAL PARK

[117 D2] **Mit knapp 400 km² einer der kleineren Nationalparks, haben der Ranthambore National Park und sein ★ Tiger Reserve Ranthambore eine Menge zu bieten.** Dazu gehören nicht nur eine großartige Dschungellandschaft mit Seen und Teichen, sondern auch die Zeugnisse einer über tausendjährigen Kultur – mit dem *Ranthambore Fort* (gegründet 994), Tempeln und kleinen Palästen wie dem *Jogi Mahal*. Der Initiative hartnäckiger Naturfreunde, voran Fateh Singh Rathores, ist gegen alle Widerstände die Existenz und Erhaltung des Parks, seiner Tiger, Leoparden, Panther, Antilopen, Krokodile und Hunderter anderer Arten, zu verdanken.

Wegen des Touristenandrangs sind die Parksafaris exakt geregelt, mit jeweils dreistündigen Jeepfahrten (umgerechnet rund 10 Euro inkl. Eintrittspreis, billiger ist es im *canter*, einem offenen Bus) auf festgelegten Routen. Kinder ab fünf Jahren erlaubt. *Okt.–Juni geöffnet, im Winter 7–17.30 Uhr, sonst 6.30–9.30 und 15–18 Uhr.* Der frühe Morgen bietet beste Chancen für Tigerbegegnungen. Rund 30 dieser Großkatzen leben im Park. Buchungen sind auch übers Hotel oder Safariveranstalter möglich, aber oft deutlich teurer. Wegen starker Nachfrage wird eine Online-Vorausreservierung empfohlen *(www.rajasthantourism.gov.in)*.

ESSEN & TRINKEN

Im Park gibt es keine Restaurants, nur einige Imbissbuden am Eingang.

ÜBERNACHTEN

Alle genannten Hotels unternehmen oder vermitteln Parkexkursionen (eigener Wagen nicht erlaubt). Budgetunterkünfte fehlen.

TIGER DEN

Vis-à-vis von den Waldhügeln des Parks liegt im Wüstensand eine grüne Gartenoase mit Pool und Multicuisine-Restaurant. *38 Cottages, 12 Suiten | Ranthambore Road | Tel. 07462/25 20 70 | Fax 22 22 99 | www.tigerdenresort.com | Reservierung empfohlen über Nature Safari, 106-107, A-3, Sec 11, Rohini | Delhi-110085 | Tel. 011/27 57 04 46 | Fax 27570833 | €€*

TIGER MOON RESORT

Im Waldgelände beim Park, weitab der Hauptstraße, liegt das komfortable Natursteinhüttendorf. Mit Pool, Multicuisine-Restaurant und Bar. *32 Zi. | Village Sherpur | Tel. 07462/22 52 84 | www.indianadventures.com | reservieren bei Indian Adventures: 257, S. V. Road, next to Bandra Talkies, Mumbai 400050 | Tel. 022/26 40 87 42 | Fax 022/26 45 84 01 | €€€ (inkl. Mahlzeiten und Parkexkursion)*

> LOW BUDGET

- > Gut und billig essen in Jaipur: Das *LMB-Restaurant* in der Pink City serviert scharf gewürzte vegetarische Küche, Hauptgerichte gibt's schon für unter 1,50 Euro. Für Liebhaber von Süßem gibt es besondere Spezialitäten! Kein Alkohol. *Johari Basar*
- > Im teuren Jaipur zentral und angenehm ab etwa 14 Euro wohnen: Das können Sie im *Hotel Karni Niwas,* nördlich der M. I. Road, in einfachen, aber ordentlich ausgestatteten Zimmern. *28 Zi. | Motilal Atal Road | Tel. 0141/2365433 | www.hotelkarniniwas.com*

AUSKUNFT

TOURIST RECEPTION CENTRE UND PROJECT TIGER OFFICE

Ranthambore Road | 500 m vom Bahnhof Sawai Madhopur | Tel. 07462/22 02 08

ZIELE IN DER UMGEBUNG

KARAULI **[117 E1]**

Unverfälscht orientalisch ist das Basarviertel des Pilger- und Residenzstädtchens (10000 Ew.) im sandsteinroten Mauerring. Karauli war für die Moguln einst ein wichtiger Verbündeter. Der *City Palace* prunkt mit schönen Steinschnitzereien und Wandgemälden. *100 km nordöstlich, auf schmalen Straßen (nahe bei Madhya-Pradesh)*

SAWAI MADHOPUR **[117 D2]**

Dass der „Tigerpark" Ranthambore von Jahr zu Jahr mehr Besucher anzieht, sieht man an den neuen Hotels, die von Sawai Madhopur bis Ranthambore die Straße säumen. In der 12 km vom Park entfernten Stadt (30000 Ew.) gibt es Jain-Tempel und mehrere Stufenbrunnen zu sehen. Obwohl touristisch eher unattraktiv, ist Sawai Madhopur doch ein wichtiger Verkehrsknotenpunkt für Reisende. Hier halten die Fernzüge auf der wichtigsten Strecke New Mumbai (Bombay), mit Anschlüssen nach Jaipur, Bundi und Udaipur. Auch finden Sie Nützliches wie einen Basar, mehrere Banken und ein Cybercafé

Ursprünglich: Bewohner von Karauli kochen ihr Abendessen im Freien

beim Hotel Ankur. Das Postamt versendet auch Pakete nach Europa.

TONK [117 D2]

In der einstigen Hauptstadt des muslimischen Fürstentums (heute 50 000 Ew.) blieben die opulente *Jama Masjid* (Freitagsmoschee) und *chhatris* (Gedenkpavillons für Tote) erhalten, vor allem aber *Sunehri Kothi,* das Goldene Haus, mit einem Prunksaal aus dem 19. Jh., voller Spiegel, Säulen und farbigen Deckengemälden. Leider wurde es in den 1990er-Jahren stark vernachlässigt. Die Renovierung hat begonnen, der Zeitpunkt der Wiedereröffnung ist aber noch unbestimmt. *75 km nordwestlich*

Insider Tipp Authentisches Rajasthan abseits der Hauptstraße finden Sie im *Raj Mahal Palace*, einem märchenhafen Heritage-Hotel und Resort für romantische Stunden und lange Siestas. Es liegt direkt am Fluss Banas in pittoresker Landschaft vorm Gebirge: eine Idylle mit Baumgarten und grünem Innenhof, schön ausgemalten Zimmern und eingelegten Marmorböden. *10 Zi. | südwestlich von Tonk | www.hotelnarainniwas.com. Reservieren über Narain Niwas Palace in Jaipur | Tel. 0141/256 12 91 | Fax 256 10 45 |* €€

UNIARA [117 D2]

Dieser Ort ist ein Platz für Leute, die etwas entdecken wollen, das Ursprüngliche genießen und davon erzählen werden: Mittelalteratmosphäre ist noch zu spüren auf dem Gemüsemarkt an der Einfahrt durch eine Mauerbresche, in den schmalen Gassen des von einem wuchtigen Mauerring umschlossenen kleinen Ortes (6000 Ew.), im Basar und im hoch gelegenen Heritage-Hotel *Uniara Fort* mit silbernen Sesseln und Kuriositäten. Sie können im Swimmingpool baden oder Ausritte unternehmen. Hier speist der Hausherr zusammen mit seinen Gästen. Die 25 Zimmer (teils AC) bieten das Nötige, großartig ist die Aussicht. *Tel. 01436/653 51 | ds.uniara@hotmail.com |* €€. *40 km westlich von Sawai Madhopur, Richtung Tonk*

> FARBEN, FORTS UND WÜSTENFESTE

Ob Sie auf Kamelsafari gehen oder Märchenpaläste besuchen – Sie werden sehen, wie lebendig Indiens große Wüste ist

> Westlich der Aravalli-Gebirgskette beginnt die Thar, die große, halbtrockene Wüste. Es ist eine extreme Landschaft, mit starken Temperaturschwankungen, launischen Winden und einer großen Artenvielfalt.

Und sie ist die Heimat für außergewöhnliche Menschen. Sand, Fels und Dürre haben die Bewohner der Thar farbenhungrig gemacht. Die Turbane der Männer, die zugleich Hitzeschutz und Zeichen der Stellung ihrer Träger in der Dorfgemeinschaft sind, leuchten in strahlenden Farben. Selbst im Alltag tragen die Frauen festliche rote, grüne, gelbe oder gar goldglänzende Gewänder, dazu schweren Silberschmuck um Hals und Knöchel sowie riesige Nasenringe. Auf den großen Festen, den Jahresmärkten in Pushkar und Nagaur mit Hunderten oder Tausenden von Kamelen, wirken die Kleider besonders prächtig. Auch ihre Häuser

Bild: Fort von Jaisalmer

JODHPUR WESTEN UND NORDEN

schmücken die Frauen in den Dörfern: mit geometrischen Mustern vom Boden bis zum Dach hinauf, mit Zeichnungen von Menschen, Tieren und Pflanzen. Trotzdem leben viele Dorfbewohner in sehr einfachen Verhältnissen. Manche Felder werden noch mit Holzpflügen bestellt.

Rajasthans Wüstenstädte sind berühmt für ihre Forts, Paläste und Havelis, die prachtvollen Wohn- und Geschäftshäuser reicher Kaufleute. Wenn Sie die Wüste intensiv erleben wollen, buchen Sie am besten einen mehrtägigen Ausflug, mit Zeltübernachtung und einem Sternenhimmel, den Sie nie vergessen werden.

AJMER

[113 F4] Wer sich für religiöse Heilstätten und die Koexistenz verschiedener Religionen in Indien interessiert, reist nach Ajmer. In reizvoller Hügellandschaft mit jahrhundertealten künstlichen Seen gelegen, ist Ajmer das bedeutendste muslimische Pilgerzentrum Indiens. Es hat einen einzigartigen Jain-Tempel (etwa ein Viertel der 400 000 Einwohner sind Jains). Ajmer ist zudem mit dem 1873 gegründeten Mayo College ein Zentrum moderner Bildung.

Muslimische Pilger bei ritueller Fußwaschung in einer Moschee in Ajmer

SEHENSWERTES

ADHAIDIN-KA-JHONPRA (ZWEIEINHALB-TAGE-HÜTTE)

Die Kuppelhalle mit ihren 72 frei stehenden Säulen, von denen jede eine eigene Ornamentik hat, ist ein großartiges Beispiel mittelalterlicher muslimischer Architektur. Trotz schwerer Schäden bleibt die Harmonie der Proportionen noch erkennbar. 1153 als Sanskritschule für Jain-Gläubige errichtet, wurde die Halle von den muslimischen Eroberern 1210 zur Moschee umgebaut. Die vorgesetzten Arkaden mit meisterhaften Korankalligrafien wurden der Legende nach in zweieinhalb Tagen errichtet.

DARGAH SHARIF ★

Im Zentrum eines großen Moscheenkomplexes steht das stets von zahllosen Pilgern umdrängte Grabmal des Sufilehrers und Heiligen Khwaja Moinuddin Chisti (1143–1235), des Beschützers der Armen. Vielen Gläubigen gilt es als das nach Mekka wichtigste islamische Heiligtum.

Die Sufis wendeten sich von der strengen islamischen Gesetzlichkeit ab und suchten nach emotionaler, ekstatischer Vereinigung mit Gott. Zwei riesige Eisenbottiche am Eingang werden zu Festen mit einem von reichen Pilgern gespendeten Reisgericht mit Rosinen, Mandeln und *ghee* (Butterfett) gefüllt. Eine bescheidenere Speisung wird täglich ausgeteilt. In der Nähe stehen die von den Mogulkaisern errichteten Moscheen *Akbar Masjid* (um 1570) und *Shah Jahan Masjid* (um 1650).

GOVERNMENT MUSEUM

Im einstigen Palast des Mogulkaisers Akbar (erbaut 1571/72) gibt es besonders schöne Skulpturen (6. Jh. und später), Waffen und Gemälde zu sehen. *Am Agra Gate | Sa–Do 10 bis 16.45 Uhr*

Insider Tipp **NASIYAN-TEMPEL DER JAINS**

Das Äußere des Roten Tempels (gestiftet 1864 vom Diamantenhändler Seth Mulchand Soni) lässt nicht ahnen, was für ein wundersames Werk religiöser Phantasie Besucher erwartet: In einer auf allen Seiten verglasten Halle ist über zwei Stockwerke figurenreich und schwer vergoldet der religiöse Kosmos des Jainismus dargestellt – ein geistiges Eldorado mit dem heiligen Himalayaberg Meru, mit Tempeln, fliegenden Götterschiffen und Elefantenprozessionen. *Pritviraj Marg*

TARAGARH FORT (STAR FORT)

Von dem Hinduherrscher Ajaipal Chauhan wurde das Fort um 1100 auf dem Hügel westlich über der Stadt erbaut. Die starken Mauern sind größtenteils verfallen, doch der Ausblick ist großartig. Zur Festung geht es in 90 Minuten zu Fuß – oder im Auto. Oben gibt es Erfrischungen.

ESSEN & TRINKEN

HONEYDEW

Beliebter Treffpunkt. Multicuisine mit gutem Standard, auch Fleischge-

MARCO POLO HIGHLIGHTS

★ **Jain-Tempel**
Tempel voll meisterlicher Skulpturen in der Wüstenstadt Jaisalmer (Seite 57)

★ **Dargah Sharif**
Das wichtigste Muslim-Heiligtum Indiens (Seite 46)

★ **Pushkar-See**
Pilgerziel seit Jahrtausenden (Seite 48)

★ **Junagarh-Fort**
Palastdesign vom Feinsten in Bikaners Festung (Seite 50)

★ **Desert National Park**
In der Wüste Thar leben Adler und Antilopen (Seite 59)

★ **Mehrangarh-Fort**
Die Krone der Wüstenmetropole Jodhpur (Seite 61)

★ **Sardar Basar**
Verführung zum Kaufrausch auf Jodhpurs Markt (Seite 64)

★ **Havelis**
In Jaisalmer gibt es besonders viele und filigrane Kaufmannshäuser (Seite 56)

★ **Mandawa-Fort**
Bilderrausch im Palast der Mandawa-Herrscher (Seite 68)

★ **Poddar-Haveli-Museum**
Das beste Museum in Shekawatis Wüstensand (Seite 69)

richte und Pizza stehen auf der Speisekarte. *Station Road*

ÜBERNACHTEN

KHADIM HOTEL

Mit Restaurant, Bar, Garten und Autoverleih. *49 Zi. und Suiten, auch ein Schlafsaal | Savitri Girls' College Road, nördlich der Altstadt | Tel. 0145/262 74 90 | Fax 243 13 30 | €*

MANSINGH PALACE

Bestes Haus am Platz. Modern und komfortabel, mit Pool, am Ana Sagar, dem künstlichen See an der Straße nach Pushkar. *60 Zi. | Ana Sagar Circular Road, Vaishali Nagar | Tel. 0145/242 58 55 | €€*

AUSKUNFT

TOURIST INFORMATION OFFICE

Beim Hotel Khadim, Savitri Girls' College Road | Tel. 0145/262 74 26

ZIELE IN DER UMGEBUNG

KISHANGARH [113 F3]

An manchen Tagen ist die Luft weißlich von Marmorstaub. Kishangarh (25 000 Ew.), genauer: das benachbarte Makrana, ist weltweit berühmt für seinen Marmor, von dem Millionen Tonnen abgebaut werden. Berühmt ist aber auch die Malerschule des Maharajahofes von Kishangarh, die im 18. Jh. ihren Ruf begründete. Noch mehrere Künstlerwerkstätten, in denen die Meisterwerke kopiert werden, arbeiten auf besonderen Wunsch mit den alten Pflanzen- und Mineralfarben. *30 km nordöstlich*

KUCHAMAN [113 F2]

Hoch ragt das im Kern über tausendjährige Fort der Pratiharas mit seinen zehn Toren über der einstigen Karawanenstraße und dem Städtchen Kuchaman (50 000 Ew.). In dem noch recht ursprünglichen Ort, der Ruhe und Beschaulichkeit ausstrahlt, können Sie Stadtmauerreste, Havelis, Tempel auf steilen Felsen, historische Wasserreservoire und lebhafte Basare entdecken.

Hauptattraktion ist jedoch das Fort mit seinen Tempeln und Palästen, Dachterrassen und Innenhöfen. Betuchten Besuchern öffnet sich in einem Teil des Forts das Superluxushotel *Kuchaman Fort* mit allen Finessen königlichen Verwöhnens. *51 Zi. | Tel. 01586/22 08 82 | thekuchamanfort@sify.com | €€€. 100 km nördlich (von Kishangarh Nebenstraße)*

MANGLIAWAS [113 F4]

Tausende von Pilgern kommen zu dem kleinen Ort (2000 Ew.) wegen zwei Bäumen: Die wohl 800 Jahre alten Veteranen, 25 und 17 m hoch, gehören der seltenen Affenbrotbaumart *adansonia digitata linn* an – und zugleich der noch selteneren Art der Wunschbäume. Vor allem zu Neumond im Monat *sravana* (Juli/August) vertrauen viele den Bäumen ihre Wünsche an. *30 km südöstlich*

PUSHKAR [113 F3–4]

Angeblich war Brahma der Erste, der hier fromm opferte. Als der Gott sich nach einem Opferplatz umsah, erzählt die Legende, ließ er eine Lotusblüte *(pushkar)* fallen. Daraus entstand der ★ Pushkar-See. Wie der Ort (etwa 12 000 Ew.) um den See mit den 52 *ghats,* den Gebetsstufen, in die Landschaft eingebettet ist, davon geht eine starke Faszination aus.

Von morgens bis in die Nacht schallt Tempelmusik mit Flöten, Gesang und Trommeln über den See. Wer früh zu dem kleinen *Savitri-Tempel* hügelan steigt, der Brahmas erster Gattin gewidmet ist, kann Augenblicke magischer Schönheit und Stille erleben. Tagsüber dagegen muss Brahma – sein Tempel steht über dem Nordwestufer –, müssen auch seine Verehrer allerlei Lärm und andere Belästigung ertragen: Eine geschäftstüchtige Priester- und Priesternachwuchsclique ruht nicht, bevor sie jeden Besucher zum *puja* (Reinigungsopfer) abgeschleppt hat. Fällt die Dollarspende zu schmal aus, wird dreist nachgefordert. Bettler und Straßenhändler lassen sich in Pushkar nur mühsam abschütteln.

nsider Tipp

Die meisten der vielen Tempel wurden nach ihrer Zerstörung durch den Mogulkaiser Aurangzeb im 17. Jh. erst in neuerer Zeit wieder aufgebaut. Ausnahmen sind der mittelalterliche *Varah-Tempel* (Vishnu geweiht) und der *Mahadev-Tempel* aus dem 12. Jh.

Eines der berühmtesten und wohl das meistbesuchte Fest Rajasthans ist die alljährlich im November stattfindende *Pushkar Mela*. Wer das Marktgeschäft der Kamelhändler beobachten will, kommt wie sie zwei oder drei Tage vor dem offiziellen Festbeginn – zu dem dann viele schon wieder abgewandert sind. In der eigens aufgebauten Zeltstadt finden viele der bis zu 100 000 Besucher Platz.

Pushkar hat einige sehr angenehme Hotels, auch abseits vom Touristenrummel, wie den vor wenigen Jahren im traditionellen Palaststil erbauten *Jagat Singh Palace (Ajmer*

Magischer Ort: Der Pushkar-See zieht seit Jahrtausenden gläubige Hindus an

Road | 36 AC-Zi. | Tel. 0145/ 277 29 53 | Fax 277 29 52 | €–€€). Modern, preisgünstiger und ruhig im Grünen liegt am östlichen Ortsrand mit Pool und Garten (Rosen!) das Insider Tipp *Hotel New Park (Panch Kund Road | Tel. 0145/772464 | Fax 772199 | www.newparkpushkar.com | €). 11 km westlich*

BIKANER

[114 A4] Bikaner (600 000 Ew.) ist die Stadt des Junagarh-Forts, hinter dessen wuchtigen Torbauten Höfe und Paläste wie aus alten Sagen zu entdecken sind. 1488 gründete Rao Bhikaji, jüngerer Sohn des Rathore-Herrschers von Jodhpur, den Wüstenstaat. Bikaner ist auch die Stadt der fortschrittlichen Rathore-Maharajas im 19. und 20. Jh. Maharaja Sri Sardur Singh verbot *sati* (Witwenverbrennungen). Maharaja Dungar Singh ließ bereits 1886 das erste Elektrizitätswerk bauen. Sein jüngerer Bruder Ganga Singh, der mehr als ein halbes Jahrhundert (1887–1943) regierte, sicherte den Anschluss an die Moderne – mit Schulen, Krankenhäusern, eigener Eisenbahn und dem lebensnotwendigen Wasserzufluss des Ganga-Kanals. Marwari-Kaufleute brachten Reichtum in die Stadt – und bauten sich Havelis mit kostbaren Steinschnitzereien, die Sie heute noch bewundern können.

Die noch ursprüngliche Altstadt ist voller bunter, labyrinthischer Gassenviertel und Basare. Wer nur wenige Stunden Zeit hat, sollte der *old city tour route* folgen *(Stadtplan beim Tourist Reception Centre)* oder einen Führer nehmen. Bikaner ist auch ein guter Ausgangsort für Exkursionen in die Wüste.

SEHENSWERTES

BHANDESHWAR JAIN TEMPLE

Bikaner hat auch eine Jain-Tradition. Unter den rund zwei Dutzend Tempeln ist der 1468–1516 – also noch vor der Stadtgründung – erbaute der älteste. *Im Südwesten der Altstadt*

GANGA GOLDEN JUBILEE MUSEUM (GANGA GOVERNMENT MUSEUM)

Das 1937 zum 50. Regierungsjubiläum des Maharaja Ganga Singh eröffnete Museum lohnt den Besuch: Ausgestellt sind archäologische Funde bis zurück in die frühe Induskultur, Terrakottaskulpturen der Gupta-Ära (4.–5. Jh.), Waffen sowie Miniaturmalerei aus Bikaner von bester Qualität. *Sa–Do 10–16.30 Uhr | Gandhi Park (Stadtzentrum)*

JUNAGARH-FORT ★

Von außen sehen Sie eine Festung (1588–93), im Inneren begegnet Ihnen ein labyrinthartiger Palastkomplex mit einem halben Dutzend Gebäuden, die vom 17. Jh. bis in die 1940er-Jahre datieren. Das Junagarh-Fort war lange Zeit ein Schutzort für Karawanen auf dem Weg von Gujarat nach Nordindien. Auch darum wurde der riesige Innenhof benötigt. Durch das *Suraj Pol* (Sonnentor, 1593) tritt man in den fast 1 km langen Mauerring ein, kommt zum ältesten Palast, dem innen rotgolden ausgemalten *Lal Niwas,* und über den weiten Hof zum *Karan Mahal* (begonnen 1631) mit blattgoldverzierten Blütenornamenten in der Audienzhalle. Der *Gaj Mandir* (1745–87) glänzt mit einer Spiegelhalle. Im *Anup Mahal* (Wolkenpalast, 1788 bis 1828) können Sie die prachtvolle Krönungshalle, Spiegeleffekte, chinesische Tapeten und Bilder höfischen Lebens bewundern. Nicht versäumen sollten Sie auch die wundervoll dekorierten Gemächer des *Chandra Mahal,* des Mondpalastes.

Prachtvolle Innenarchitektur: Wolkenpalast im Junagarh-Fort von Bikaner

Sie sind ein Höhepunkt indischer Palast-Innenarchitektur.

In den musealen Räumen sind Doppeldeckerflugzeuge aus dem Ersten Weltkrieg ausgestellt, Dankgeschenke der Briten für die Waffenhilfe Maharaja Ganga Singhs. Hier können Sie auch sehen, wie Bikaners Bhawai-Tänzer auf Glasscherben, Schwertklingen und Sägeblättern tanzten. Im Gartenpavillon befindet sich zudem das Museum Prachina, Insider Tipp eine reizvolle Sammlung mit häuslichem Gerät, Schmuck und Gewändern. Auch ein kleines Café ist hier untergebracht. *Tgl. 10–16.30 Uhr*

SRI SADUL MUSEUM

Im 1902 von Sir Swinton Jakob erbauten Lallgarh Palace ist das Familienmuseum mit einer faszinierenden Sammlung von Fotografien, Jagdtrophäen und Souvenirs zu Hause. *Mo–Sa 10–17 Uhr | nördlicher Stadtrand*

ESSEN & TRINKEN

GALLOPS

Insider Tipp

Restaurant mit hellem Ambiente, guter Küche (vegetarisch und mit Fleisch) und einer Kaffee-Ecke.

Court Road, gegenüber vom Junagarh Fort | Tel. 0941/4138829 | €

MOOMAL
Das kleine, einfache Restaurant liegt in einer Wohngegend. Vegetarische, auch südindische Gerichte. *29–30, Panch Shati Circle, Sadul Ganj (nicht weit vom Tourist Reception Centre) | Tel. 0151/254 95 75 |* €

EINKAUFEN

ABHIVYAKTI
Handgewebte Wollschals und andere Textilien werden hier von Frauenkooperativen im Umland angeboten. Die Preise sind günstiger als in Jaipur, auch unterstützt von der britischen Oxfam-Organisation. *Ganganagar Road | Tel. 0151/2522139*

Insider Tipp
MARKT TIBETISCHER HÄNDLER
Besonders empfehlenswert ist der nur im Winter stattfindende Markt im Innenstadtsektor Ratan Bihari – mit Ständen voller Gemüsepyramiden und duftenden Früchten, Kunsthandwerk, Bilddrucken und Schnitzwerk in kräftigen Farben.

SHRI MARUDHAR ARTS EMPORIUM
Insider Tipp
Alles, was *handicraft* oder Antiquität heißt, finden Sie hier in einem pittoresken Kellergewölbe – von Bronzefiguren bis zu Silberdosen und Textilien. *Basement Khajanchi Market | K.E.M. Road*

SWAMI ART
Der Besitzer Raju Swami ist Miniaturmaler und verkauft auch Werke anderer Künstler. *Krishna Block, Kiriti Stambh, Lalgarh Palace Road*

ÜBERNACHTEN

BHAIRON VILAS
Insider Tipp
Mit sonnenwarmen Farben, Textilien, Spiegeln und Polstern hat Harshwardhan Singh das restaurierte Heritage-Haveli in einen traumschönen Platz verwandelt. Achtung: Die Treppen sind steil! Auf dem Dach gibt es ein Multicuisinerestaurant. In der Kunstgalerie können Sie auch

Freie Kost und Logis: Hoch verehrt sind Ratten im Hindutempel von Deshnok

Workshops buchen, ein Kunsthandwerkladen ist angeschlossen. Geplant sind außerdem noch Filmvorführungen – und Zimmer mit Klimaanlage. *18 Zi. | gegenüber vom Junagarh-Fort | Tel. 0151/254 47 51 | Fax 252 04 35 | www.hotelbhaironvilas.com* | €

Insider Tipp
BHANWAR NIWAS
Der Hausherr ist Sammler und Connaisseur. Er hat das Haveli seiner Familie samt Arkadenhof mit individuellem Qualitätsanspruch restauriert und so einen privaten indisch-europäischen Heritage-Palast geschaffen. Exquisite vegetarische Küche. Bibliothek und Musik. *26 Zi. | Rampuria Street (in der Altstadt) | Tel. 0151/220 10 43 | Fax 220 08 80 | www.bhanwarniwas.com* | €€

VIJAY GUEST HOUSE
Sehr einfach, aber auch sehr beliebt ist dieser Travellertreff mit Garten und Camping am Stadtrand (4 km vom Bahnhof). Auch Safariangebote. *6 Zi. | Jaipur Road, gegenüber der Sophia School | Tel. 0151/2231244 | Fax 252510 | www.camelman.com* | €

TREKKING & TOUREN

RAJASTHAN SAFARIS & TREKS
Trekking zu den Dörfern der Wüste Thar, im Kamelsattel, im Jeep oder zu Fuß können Sie bei Birendra Singh Tanwar buchen. Er hat jahrzehntelange Erfahrung. Preise pro Tag 12–40 Euro/Person. *Büro im Hotel Bhairon Vilas, gegenüber vom Junagarh-Fort | Tel. 0151/254 47 51 | 220 99 32 | Fax 220 80 92 | birendra@realbikaner.com*

AUSKUNFT

TOURIST RECEPTION CENTRE
Dhola-Maru Tourist Bungalow, Poonam Singh Circle | Tel. 0151/222 67 01 | www.realbikaner.com

ZIELE IN DER UMGEBUNG

CAMEL BREEDING FARM [114 A4]
Von den schätzungsweise 5 Mio. Kamelen weltweit leben rund 750000 Tiere in Rajasthan, noch einmal so viele im übrigen Indien. Auf der einzigen Kamelzuchtfarm Indiens können Sie auch reiten. Einen schönen Rundblick genießen Sie vom ☀ Turm. *Tgl. 14–17 Uhr. 10 km südöstlich*

DESHNOK [114 A4]
Schon immer haben die Ratten in Deshnok (10000 Ew.) freie Kost im *Karni Mata Mandir* (17. Jh.), einem der Hinduheiligen Karniji geweihten Tempel, der mit Silbertüren sowie Marmorreliefs geschmückt ist. Einer Legende nach sind die Deshnok-Ratten Inkarnationen von Dichtern und Sängern. Was merkwürdig ist: Die täglich mit Nahrung versorgten Ratten vermehren sich nur in Maßen. *Bahn- und Busverbindung. 33 km südlich*

DEVI KUND SAGAR [114 A4]
Marmorweiße, graziöse *chhatris,* Erinnerungsstätten für die Maharajas von Bikaner, werden seit 1571 und bis heute am künstlichen See erbaut. Auch Frauenfiguren von Witwen, die sich verbrennen ließen. *8 km östlich*

GAJNER NATIONAL PARK [114 A4] Insider Tipp
Das ehemalige Jagdgebiet der Maharajas ist heute ein Vogel- und Wild-

paradies, falls nicht gerade Monsunregen ausbleiben und die Vögel kein Wasser finden. Ein Stück grünes Rajasthan in der Stille der Natur finden Sie im *Gajner Palace (Historic Resort Hotels Ltd. | 39 Zi. und Heritage-Suiten | Tel. 01534/25 50 61 | Fax 27 50 60 | www.hrhindia.com | €€)*. Das aus rotem Sandstein erbaute Hotel liegt mit seinem Park direkt am See. Es ist edel-nostalgische ausgestattet und bietet Aktivangebote von Jeep- und Reitexkursionen über Golf und Tennis bis zu Bootsfahrten, Radeln und Wandern. *32 km westlich*

> LOW BUDGET

- Für die Toplage direkt am Pushkar-See zahlt man sonst ein Mehrfaches. Das *RTDC Hotel Sarovar* bietet einen exzellenten Blick, nicht nur von der Dachterrasse aus. Da nimmt man den langsamen Service und die nur sehr schlichte Ausstattung der Doppelzimmer *(ca. 18 Euro bzw. 19 Euro mit AC)* gern in Kauf. *Tel. 0145/2772040*
- Viele indische Museen verlangen spezielle Preise für Ausländer, das *Folklore Museum (Gadi Sagar Tank am Südrand von Jaisalmer | Sa–Do 8–18 Uhr)* und das *Desert Culture Museum (beim Tourist Office Main Road | 10–13.30 und 15.30–20 Uhr)* in Jaisalmer nicht. Jeweils 10 Rupien, also ca. 15 Cent, kostet der Eintritt. Die beiden Museen sind aus privater Initiative entstanden und zeigen einmal nicht die Pracht der Maharajas, sondern das Leben der einfachen Leute. Mit Glück treffen Sie auch den Museumsgründer an.

KALIBANGAN-REGION **[114 B2]**

Archäologiefans nehmen den weiten Weg in diese entlegene Region Rajasthans auf sich, um den Anfängen der Zivilisation zu begegnen. Stätten der Harappan-Kultur (3. Jahrtausend v. Chr.) wurden seit 1962 westlich der NH 15 bei Suratgarh ausgegraben, zum Schutz vor Raubgrabungen zumeist aber wieder überdeckt. Das *Kalibangan-Gelände* und ein Museum *(Sa–Do 9–17 Uhr)* können besichtigt werden. Nur 20 km entfernt liegt *Badopal (Baropal)* mit seinem sumpfigen großen See, der Rast- und Brutplatz Tausender Vögel ist. Ein religiöses Zentrum für Hindus wie für Muslime ist *Gogamedi,* wo die Gottheit Goga Vir wirkte und wo auch der Yogi Gorakh Natji meditierte, der in fast jedem Dorf Rajasthans als Helfer gegen Schlangenbisse verehrt wird. *Auskünfte beim Bikaner Tourist Reception Centre. Rund 200 km nördlich*

NAGAUR **[114 A5]**

Das Landstädtchen (70 000 Ew.) wird alljährlich im Januar/Februar zur touristischen Attraktion: wegen des Vieh- und Kamelmarkts und seines Rahmenprogramms mit Tanz, Musik und Wettkämpfen. Ein Abstecher nach Nagaur lohnt auch wegen der frisch renovierten Paläste im Fort, der Havelis, Tempel und Moscheen. *90 km südlich*

JAISALMER

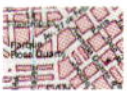

KARTE IN DER HINTEREN UMSCHLAGKLAPPE

[112 C3] Am schönsten ist die Anfahrt am Morgen, von Osten aus auf Jaisalmer

(40 000 Ew.), wenn die Mauern und Bastionen des Stadthügels über der Ebene honiggelb glänzen. Seit dem 12. Jh. ist der Jaisalmer-Fels befestigt. Er wurde von den Bhati-Rajputen gegen die Maharajas von Bikaner und Jodhpur und gegen die Truppen der Mogulherrscher behauptet – als Schlüsselfort an der persisch-indischen Gewürzstraße. Doch im 19. Jh. wurde der Seehandel attraktiver als der Karawanentransport durch die Wüste Thar. Jaisalmers Kaufleute wanderten ab und verschlossen die schweren Tore ihrer Havelis. Erst mit der Trennung Pakistans von Indien 1947 und den daraus resultierenden militärischen Konflikten gewann der Militärstützpunkt Jaisalmer wieder an Bedeutung.

In den 1970er-Jahren entdeckten Rucksacktouristen die stillen Gassen mit den märchenhaften Steinschnitzereien an den Häuserfassaden. Seit den 1990er-Jahren boomt Jaisalmer als Hauptort des indischen Wüstentourismus. Am Fuß des Stadthügels und weiter hinaus entstehen neue Hotels, die Züge rollen schneller auf der neu verlegten Breitspur, und die Kamelkarawanen tragen statt Gewürzen nun kamerabehängte Touristen. Die Wüste entlang der N 15 grünt, weil durch Kanäle und Grundwasserreservoire die Wassermenge steigt.

Auf dem Kamelmarkt in Nagaur treffen sich stolze Besitzer stolzer Tiere

SEHENSWERTES

FORT UND RAJ MAHAL

Innerhalb der ummauerten Stadt umgibt den Forthügel ein weiterer Ring wuchtiger, 9 m hoher Mauern mit 99 Bastionen. Vom *Gopa Chowk* (Markt) beginnt der Aufstieg über eine steile Rampe. Achtung, auch Motorroller und Autos kurven hier hinauf! Nach dem letzten Torbogen geht es rechts zum siebenstöckigen Palastkomplex *Raj Mahal* (16.–19. Jh.), dem Stadtpalast mit dem histori-

Steinschnitzereien vom Feinsten: reich verzierter Balkon am Salim Singh Haveli in Jaisalmer

schen Marmorthron vorm Eingang. Labyrinthische Treppen führen zu Höfen und schönen Aussichtspunkten. Im fürstlichen Schlafzimmer hängen reizvolle Wandmalereien mit Palastansichten. *Im Sommer tgl. 8–18 Uhr, im Winter 9–18 Uhr*

GADI SAGAR

Eine Stätte der Erholung und der Sammlung mit langer Tradition: Seit dem 14. Jh. entstanden um den künstlich vergrößerten kleinen See Tempel, *chhatris* (Gedenkpavillons) und *ghats* (Stufen) – bis heute ein anmutiges Ensemble. Was sich verändert hat: Bleibt der Monsunregen aus, strömt heute Wasser aus dem Indira-Gandhi-Kanal zu. *Südöstlicher Stadtrand*

GOVERNMENT MUSEUM

Interessante Fossilien wie versteinertes Holz und Meereslebewesen, auch eine Darstellung Jaisalmers im Mittelalter. *Sa–Do 10–16.45 Uhr | im Westen der Stadt, beim RTDC Moomal Hotel*

HAVELIS ★

Der wahre Reichtum von Jaisalmer sind die Havelis mit ihren kunstvoll durchbrochenen Fassaden, Erker- und Balkonwänden. Dank des trockenen Klimas blieben die Steinschnitzereien mit allen Feinheiten fast unversehrt erhalten. Nirgendwo sonst wurden sie in solcher Fülle geschaffen. Reiche Rajasthani leisten sich noch heute Neubauten im gleichen Stil. Besichtigen können Sie allerdings nur wenige, wie das um 1815 vom damaligen Premierminister Salim Singh Mehta erbaute *Salim Singh Haveli (in der Nähe des Haupteingangs zum Fort)* mit besonders filigran geschnitzter Balkonfassade. Noch prächtiger ist der reich verzierte *Patwon ki Haveli* (1805) mit zwei fast symmetrischen Hauptflügeln. In der großen Innenhalle und auf zwei Stockwerken bieten Läden Kunsthandwerk, Teppiche und Silber an. Einen herrlichen Ausblick haben Sie vom Dach über die Altstadt aufs Fort. *Nördlich vom Fort*

JAIN-TEMPEL ★

In den engen Gassen des Forts auf kleinstem Raum gedrängt, sind die vom 12.–16. Jh. erbauten Jain-Tempel erst auf den zweiten Blick erkennbar. In den unteren Hallen und Gängen muss sich das Auge erst ans Dämmerlicht gewöhnen. Wer die Tempel identifizieren will, braucht einen Führer – auch zur Erklärung der zahllosen Skulpturen, der Furtbereiter und anderer Jain-Heiligen. Wunderschöne *apsaras* (weibliche Himmelswesen), Blüten- und Blattornamente schmücken die Tempel. *Unregelmäßige Öffnungszeiten*

ESSEN & TRINKEN

TRIO

Treffpunkt der Globetrotter, vom Frühstück bis in die Nacht auf luftiger Terrasse. Lecker schmeckt die Royal Safari Soup. Der Service ist bisweilen etwas langsam. *Gandhi Chowk, nahe Amar Sagar Pol | Tel. 02992/25 27 33* | €

EINKAUFEN

BARMER EMBROIDERY HOUSE

Wolle und Seide, handgedruckte Bettdecken in leuchtenden Farben und mit Minispiegeln geschmückte Kleider und Kissen – aus Rajasthan und aus dem Nachbarstaat Gujarat. *Nahe dem Patwon Haveli*

> HAVELIS

Üppig verzierte Paläste der Karawanenkaufleute

Havelis heißen in Rajasthan die stattlichen Wohn- und Geschäftshäuser, die sich wohlhabende Kaufleute meist um Innenhöfe bauen ließen und die bis zu sechs Stockwerke hoch sind. Eine Augenweide sind die Havelis wegen ihres exorbitant üppigen, das Stadtbild prägenden Schmucks. Mit feinsten Steinschnitzornamenten sind die Fassaden in Jaisalmer und Bikaner verziert, eine Fülle farbiger Bilder schmückt die Hauswände im Shekawati-Land im Nordosten. Die Marwari-Kaufleute (nach dem Land Marwar um Jodhpur) machten im 19. und frühen 20. Jh. großes Geld, zogen dann aber nach Bombay und Kalkutta um. Darum verfällt heute viel Haveli-Pracht.

KHADI PARISHAD
Baumwollstoffe und Kunsthandwerk vom Dorf zu günstigen Festpreisen. *Beim Hotel Narayan Niwas*

Insider Tipp **LIGHT OF THE EAST**
Mineralien, auch seltene wie der „biegsame Stein", dessen Geheimnis der Händler nicht verrät. Bewährte Adresse im Fort. *Tewata Para*

TOURIST TAILORS DUNGAR RAM
Hose und Hemd, Bluse und *Salwar-Kurta* (lange Hose mit Hemdkleid), alles binnen kurzem geschneidert. *Panzari Bazar*

ÜBERNACHTEN

Insider Tipp **FORT RAJWADA**
Ein modernes Traumfort mit bestem Ausblick auf Jaisalmer. Opulente Empfangshalle, Pool, Ayurveda, Bar, Läden. *69 Zi. | Jodhpur-Barmer Link Road | Tel. 02992/25 32 33 | Fax 25 37 33 | www.fortrajwada.com* | €€

PARADISE HOTEL
Nahe beim Stadtpalast. Von den Terrassen und einigen der einfachen 23 Zimmer schöne Ausblicke auf die Stadt. Garten. *Tel. 02992/25 26 74 | www.paradiseonfort.com* | €

TREKKING & TOUREN

Sehr großes Angebot an Kamelsafaris. Empfehlenswert sind die Touren bei *Thar Safari (Gandhi Chowk, beim Restaurant Trio | Tel. 02992/251058 | www.safaritoursindia.com).*

AUSKUNFT

TOURIST RECEPTION CENTRE
Station Road, Gadi Sagar Pol | Tel. 02992/25 24 06 und 0141/511 05 95

ZIELE IN DER UMGEBUNG

AKAL WOOD FOSSILS PARK [112 C3]
Auf diesem Areal einst vulkanischer Felswüste können Sie Steine der besonderen Art entdecken: Rund 180 Mio. Jahre alt sind die bis zu mehrere Meter langen Baumfossilien. Ein Wärter wacht über die unter Glas zu besichtigenden Zeugnisse aus der Zeit der Saurier (am Tor hupen!). *17 km südlich, auf der N 15 Richtung Barmer*

BADA BAGH (AUCH: BARA BAGH) [112 C3]
Gut für eine meditative Stunde abseits vom Touristengedränge Jaisalmers ist diese Oase mit grazilen *chhatris* (Gedenkpavillons) und hohen Bäumen, im Talgrund liegen Gemüsefelder. Seit einiger Zeit wird die Oase von den weiß-silbrig glänzenden Metallmasten eines Windparks umstellt. *6 km nordwestlich*

BARMER [112 C4]
Eine Landstadt (etwa 20000 Ew.), die man nicht gesehen haben muss, die aber mit ihren Ladengassen (Spezialitäten: Möbel, Stickereien und Dhurrie-Teppiche) ein Beispiel des vom Tourismus noch unberührten Indiens ist. Unbedingt lohnen die *Kiradu-Tempel* abseits der Stadt die lange Anfahrt. Insider Tipp Entstanden im 10./11. Jh. unter den Panwar-Königen, zeigen die fünf Tempel trotz schwerer Beschädigungen noch eine Fülle meisterhafter Skulpturen und Friese. Schöne, ruhige Atmosphäre in ursprünglicher Landschaft. Da hier militärisches Sperrgebiet ist, sollten Sie in Jaisalmer wegen einer Erlaubnis nachfragen. Im März wird das Thar-

Festival veranstaltet. Es gibt nur sehr einfache Hotels und Restaurants. *153 km südlich*

DESERT NATIONAL PARK ★ **[112 B–C3–4]**
3000 km² Wüste sind seit 1980 unter Naturschutz gestellt, nicht nur Sanddünen (rund 20 Prozent) und Fels, sondern auch Buschland mit einer Vielzahl von Tier- und Pflanzenarten. Der Große Indische Bussard, ein halbes Dutzend Adler- und mehrere Geierarten sowie Antilopen sind im Wüstenpark heimisch. Auch Bishnoi leben hier. Weil strikter Naturschutz nur in Teilgebieten gilt, werden ihre Siedlungen geduldet. Besucher können in den *rest houses* (ohne elektrischen Strom) oder im Dorf Zimmer mieten. Kamelreiter wie Jeepfahrer erhalten die Erlaubnis zum Parkbesuch beim *Büro des Direktors des Desert National Park, Barmer Road, Jaisalmer. 32 km südwestlich*

KABHA **[112 C3]**
Moderne Ruinenromantik: Auf Pfauen und schwarze Ziegen, Sonnenkollektoren und eine Satellitenantenne trifft man zwischen und über den Mauern von Fort Kabha. Nur der Wärter wohnt in dem restaurierten Festungswerk, das vom Dorf über Fußpfade bis zu den Dächern hinauf zu erreichen ist. Unten liegen auch die Trümmer einer größeren Siedlung, die von Paliwal-Brahmanen verlassen wurde. *34 km südlich, Abzweigung an der N 15 ausgeschildert*

Insider Tipp

KHURI **[112 B3]**
Bis zu beachtlichen 80 m Höhe steigen die Sanddünen beim Dorf Khuri

Religiöse Prozession in der historischen Altstadt von Jaisalmer

an. Schön haben die Dorffrauen ihre Häuser mit Rangoli-Zeichnungen dekoriert: geometrische Muster oder Bilder von Tieren und Menschen bei der Arbeit und beim Spiel. Der touristische Betrieb wird allerdings immer stärker – mit vielen Imbissbuden, *guest houses* und Agenten für Kamelsafaris. *40 km südwestlich*

KULDHERA **[112 B3]**

Hier können Sie Rajasthans Vergangenheit nachspüren: Seit langem ist das einst von Brahmanen besiedelte Wüstendorf verlassen. Übrig blieben Ruinen von etwa 700 Häusern, tiefe Brunnen, ein restaurierter Krishna-Tempel aus dem 18. Jh., ein eindrucksvoller Stufenbrunnen (14. Jh.), einige Rundhütten – und Geschichten von den Paliwal-Brahmanen, die hier auch selbstbewusste Landwirte waren. Weil die Steuerlast zu hoch war, zogen sie es vor, ihre Dörfer aufzugeben und anderswo zu siedeln. *14 km südwestlich*

LODURVA (AUCH: LUDRUVA) **[112 C3]**

Bevor die Bhati-Rajputen Jaisalmer als Residenz wählten, lag hier ihre Hauptstadt. Ein sehr schöner Torbogen mit filigranem Sandsteinschnitzwerk, mehrere restaurierte Jain-Tempel mit herrrlichem Figurenschmuck sowie Ruinenreste im Wüstensand künden von der stolzen Vergangenheit. *15 km nordwestlich*

POKARAN **[113 D3]**

Der beste Platz für eine Rast zwischen Jaisalmer und Bikaner oder Jodhpur – wegen des gastfreundlichen Pokaran-Forts über der Stadt. Insider Tipp Im 14. Jh. aus rötlichem Sandstein erbaut, wird es von der angestammten Thakur-Rajputen-Familie in 13. Generation derzeit zur alten Größe wiederhergestellt – ganz in privater Initiative, mit historischem Museum. Das Heritage-Hotel *Fort Pokaran* hat ein angenehmes Restaurant, einen Gartenhof und bietet von den Mauern Ausblick auf die

Eindrucksvolles Erlebnis: ein Kamelritt am späten Nachmittag in den Sam Sand Dunes

15 000-Ew.-Stadt. *19 Zi. und Suiten | Tel. 02994/22 22 74 | Fax 22 28 78 | www.fortpokaran.com | €–€€. 110 km östlich*

SAM SAND DUNES **[112 B3]**
Die nächsterreichbaren Dünen sind kein großes, aber für Wüstenungewohnte doch eindrucksvolles Areal. Vor allem ein Kamelritt am späten Nachmittag zum Sunset Point in den Dünen ist sehr beliebt. Kleine Erfrischungen werden von fliegenden Händlern und bei den Hotelzelten und -hütten *(Übernachtung mit oder ohne Komfort | Infos beim Tourist Reception Centre Jaisalmer | Tel. 02992/25 24 06)* am Dünenrand angeboten. *42 km westlich*

JODHPUR

KARTE IN DER HINTEREN UMSCHLAGKLAPPE

[113 E4] Welche andere Stadt wird so von dem wuchtigen Bau ihrer Stadtfestung dominiert wie Jodhpur? Wer in der zweitgrößten Stadt Rajasthans (800 000 Ew.) unterwegs ist, dem stellt sich das Mehrangarh-Fort der Rathore-Herrscher unversehens und aus immer neuen Perspektiven ins Blickfeld. Am Fuß des Fortbergs drängt sich die Altstadt (gegründet 1459) in ihrem rund 10 km langen Mauerring. An den Hängen liegen blau bemalte Häuser, ursprünglich ein Zeichen brahmanischer Bewohner. In Jodhpur können Antiquitätenliebhaber etliche Tage in Ali-Baba-Höhlen stöbern. Andere wandern durch die bunten Sardar-Basar-Gassen gleich hinter dem Uhrturm, einem Stadtsymbol. Auch für Exkursionen ist Jodhpur ein gutes Standquartier – egal ob es Sie in Wüstengebiete, zu kostbaren Hindutempeln oder einem Wildreservat zieht.

SEHENSWERTES

GOVERNMENT MUSEUM
Kultur- und naturgeschichtliche Sammlungen, sehenswert sind vor allem die Skulpturen und Gemälde. Auch Waffen und Kunsthandwerk der Maharaja-Ära sind ausgestellt. *Sa–Do 9.30–16.45 Uhr | im Umaid Public Garden, nahe beim Zoo*

JASWANT THADA
An der Auffahrt zum Fort, mit schönem Ausblick auf die Stadt, entstand 1899 die marmorweiße Gedächtnisstätte für Maharaja Jaswant Singh II. Eine Porträtgalerie zeigt die Marwar-Maharajas. *Tgl. 9–17 Uhr*

MEHRANGARH-FORT ★
Die Rathore-Herrscher ließen den steilen Aufgang zu ihren Palästen mit

sieben Toren und bis zu 36 m hohen Mauern sichern. Das Fort ist ein klobiges Verteidigungswerk aus dem 15. Jh. Von ihm aus führten die Rathore-Herrscher ihre Kriege als Bundesgenossen des Mogulkaisers Akbar im 17. Jh. zeitweise bis zur Dekkan-Hochebene in Zentralindien. Später vertrieben sie die Mogulmacht aus Ajmer und eroberten auch das reiche Ahmedabad.

Seit den 1990er-Jahren nimmt der erste Lift eines Rajasthan-Forts den Besuchern einen Großteil der Mühe beim Aufstieg ab. Durch das oberste Tor *Lohan Pol* (Eisernes Tor) treten Sie in den lang gestreckten Palasthof, vorbei an 36 roten Handzeichen von *satis,* Maharaja-Witwen. Im Gegensatz zum wuchtigen Mauerwerk sind die Palastfassaden filigran mit aberhundert Mustern fein durchbrochenen Sandsteins verziert.

Bei einer Führung durch die musealen Säle (im Eintrittspreis eingeschlossen) erleben Sie orientalischen Prunk vom Feinsten: Sänften und Elefantensessel *(howdahs)* aus schwerem Silber, Götterstatuen und kostbare Waffen, mit goldenen Borten und silbernen Blüten bestickte Gewänder. Ein Salonwagenzug aus Elfenbeinplättchen samt Miniaturbahnhof erinnert an einen fürstlichen Eisenbahnfan des 19. Jhs. Liebhaber von Miniaturen der Mogulschule und europäischer Grafik finden Säle voll höfischer Szenen und historischer Darstellungen von indischen Städten und Landschaften. Besonders prunkvoll sind der Thronsaal mit seinem achteckigem Thronsitz, der Tanzsaal sowie das Schlafzimmer der Maharani. Als Beutestück aus dem Feldzug gegen den Mogulkaiser Aurangseb blieb ein riesiges Prachtzelt erhalten.

Von den Mauern und Bastionen um das Gartengrün im Süden des Forts können Sie wunderbare Ausblicke auf die Häuser von Jodhpur genießen. Es gibt auch ein Restaurant. *Im Sommer tgl. 8.30–17.30 Uhr, im Winter 9–17 Uhr*

UMAID BHAWAN PALACE MUSEUM

Insider Tip

Der riesige Kuppelbau mit seinen rund 350 Zimmern im Südosten der

> UNTERWEGS IN RAJASTHAN

Wer durchs Land reist, muss viel Zeit mitbringen

Mehr als 30 bis 40 km pro Stunde schafft ein Mietwagen oder ein Bus eher selten – nicht nur aufgrund schlechter Straßenqualität oder den Weg kreuzender Ziegenherden und Kamelkarren. Auch die mangelnde Ausschilderung führt manchmal zu Umwegen. Für Langstrecken empfehlen sich daher Expresszüge (frühzeitig buchen!). Falls Sie eine komfortable individuelle Rundreise mit Mietwagen und Fahrer buchen wollen, kostet Sie das für eine zweiwöchige Tour für zwei Personen inkl. Übernachtung und Frühstück in guten Hotels ab 1000 Euro. In Städten können Ihnen die Tourist Reception Centres, die heute viel aktiver als früher sind, staatlich geprüfte Stadtführer oder verlässliche Safariveranstalter vermitteln.

Stadt ist der letzte monumentale Neubau eines Rajputenpalastes. Maharaja Umaid Singh gab ihn in der Weltwirtschaftskrise 1929 in Auftrag, ein Arbeitsbeschaffungsprojekt nach Sonnenkönigsart. Heute ist der Umaid Bhawan Palace Wohnsitz der Maharaja-Familie und zugleich Luxushotel.

Häusermeer in Blau: beeindruckende Aussicht vom Mehrangarh-Fort in Jodhpur

Im Palastmuseum werden kostbare europäische Uhren, Jagdtrophäen und Flugzeugmodelle aus Maharaja-Privatsammlungen präsentiert. Jodhpur ist ein indischer Avantgardeort des Flugwesens: Der letzte regierende Maharaja war selbst ein begeisterter Flieger. Im Restaurant können Sie edel tafeln, zuweilen auch romantisch im Fackelschein. *Tgl. 9–17 Uhr*

ESSEN & TRINKEN

Süßigkeiten sind eine Spezialität in Jodhpur. *Kachori*-Backwerk wird sowohl würzig wie auch übersüß in Zuckersirup getaucht angeboten.

BOLLYGOOD

Insider Tipp

Tandoori-Kreationen können Sie wahlweise im Sonnenlicht auf dem Rasen oder im Halbdunkel drinnen genießen. Das Design signalisiert Moderne: Bollywoodstars grüßen von den Wänden. *Khaas Bagh | Ratanada | Tel. 0291/25145 13* | €€

COFFEE HOUSE

Schlicht, preisgünstig und zentral. Südindische Küche und Pizzen. *High Court Road/Sojati Gate | Tel. 0291/ 254 73 35* | €

Insider Tipp **GYPSY**

Mehrere Räume und Garten, modern und lebendig. Neben Rajasthani-Spezialitäten gibt es auch chinesische, mexikanische und italienische Küche. Kein Alkohol. *9th C-Road, Sardarpura | Tel. 0291/243 32 88 | €€*

Insider Tipp **ON THE ROCKS**

Indische und kontinentale Speisen, Barbecue. Mit Baumgarten und Grottenfelsen. *Neben dem Hotel Ajit Bhawan | Tel. 0291/264 12 05 | €*

EINKAUFEN

LALJI HANDICRAFTS

Eine fast unerschöpfliche Ali-Baba-Höhle: Kunst und Kram, Altes und Neues, vom Spielzeugauto bis zur Bronzeskulptur. *Ajit Colony, unterhalb vom Umaid Bhawan Palace*

SARDAR BASAR ★

Noch farbenfroher als auf den vielen anderen Basaren Rajasthans geht es hier zu. Die pyramidenförmig gestapelten Früchte in leuchtenden Farben, der Silberglanz der Fische, das in Kupfer schimmernde Hausgerät ziehen die Blicke an. Trauen Sie sich in das Gewühl, lassen Sie sich von einer Standgasse zur nächsten treiben – und machen Sie Pausen, etwa bei Mohan Lal Veromal, dem bekanntesten Gewürzhändler Rajasthans *(www.mvspices.com)*. Das Erfolgsrezept seiner Gewürzmischungen: Qualität durch Frische. *Um den Uhrturm*

ÜBERNACHTEN

HAVELI GUEST HOUSE

250 Jahre alt ist dieses Haveli in bester Altstadtlage nah beim Uhrturm. Es bietet Innen- und Dachrestaurant mit Fortblick sowie Internet. Achtung: Rikschafahrer bringen Gäste oft zu Hotels ähnlichen Namens, wegen der *commission* dort. Das richtige ist an der Fassade mit sieben Arkadenbalkons erkennbar. Einen Erweiterung gibt es beim Stufenbrunnen gegenüber. *Makrana Mohalla | Tel. 0291/261 46 15 | €*

KARNI BHAWAN

Insider Tipp

Heritage-Hotel mit familiärer Atmosphäre und schöner traditioneller Ausstattung. Garten mit Barbecue, Pool, günstige Lage. *32 Zi. | teils AC | Palace Road, Ratanada | Tel. 02291/251 21 01 | Fax 251 21 05 | www.karnihotels.com | €–€€*

SAJI SANWRI GUEST HOUSE

Insider Tipp

Die Zimmer im Haveli aus dem 17. Jh. werden von der Besitzerin ständig verschönert: Traditionelle Wandmalereien und kleine Spiegel an Wänden und Decken lassen den Aufenthalt im Herzen der Altstadt unvergesslich werden. WLAN ist für eine geringe Gebühr benutzbar. *10 Zi. | Gandhi Street, in der Nähe der City Police Station | www.sajisanwri.com | €*

TREKKING & TOUREN

POLY TRAVELS

Spezialisiert auf *village tours* zu den Bishnoi. *10-D, Near Govt. Bus Stand, Paota | Tel. 0291/254 52 10 | Fax 254 76 42*

AUSKUNFT

TOURIST RECEPTION CENTRE

Hotel Ghoomar Campus, High Court Road | Tel. 0291/254 50 83 | Fax 254 50 10

ZIELE IN DER UMGEBUNG

JHALAMAND [113 E4]

Im Dorf Jhalamand (2000 Ew.) ist am Horizont Jodhpur noch in Sichtweite, man ist aber auf dem Land. Das Sanctuary um den nahe gelegenen *Guda-Bishnoi-See* wird von September bis März von Tausenden von Zugvögeln besucht, auch Wild werden Sie beobachten können. Der schön erhaltene, helle Heritage-Palast *Jhalamand Garh* mit Garten und Dachterrasse, ein Ort der Stille und Ruhe, steht mitten im Dorf. Exzellente Rajasthani-Küche, Safaris mit Jeep, Pferd oder Kamel. *18 Zi. | Tel. 0291/272 04 81 | www.heritagehotelsindia.com | €. 10 km südlich*

Insider Tipp

KHIMSAR-FORT [113 E3]

Sanddünen und Wüstendörfer sind dem Fort benachbart, das der Überlieferung nach bereits vor 2500 Jahren vom Jain-Furtbereiter Mahavir gegründet worden ist. Mit dem Bau des mächtigen Forts wurde vor 500 Jahren begonnen. Die Festung ist heute auch ein Heritage-Hotel, eines der romantischsten und zugleich modern: Es ist nicht nur mit Pool und großen Rasenflächen ausgestattet, sondern auch mit einem eleganten Privatkino, einem Konzertsaal sowie einem Teleskop auf dem Dach. Zum Hotel gehören mehrere Ergänzungsbauten im Architekturstil des Forts. *Khimsar Fort | 46 Zi. | Tel. 01585/26 23 45 | Fax 26 22 28 | www.khimsar.com | €€. 90 km nördlich*

Insider Tipp

MANDORE [113 E4]

Ein guter Platz zum Spazierengehen: Dichtes, subtropisches Park- und Gartengrün wächst über der früheren

Hereinspaziert in Ali Babas Höhle: Stoffberge in leuchtenden Farben

Hauptstadt der Rathore-Herrscher (5000 Ew.). In einer offenen Halle, dem *Schrein der 330 Millionen Götter,* stehen nicht ganz so zahlreiche, doch überlebensgroß aus dem Fels herausgemeißelte Götter- und Heroenfiguren. Sie sind in kräftigen Farben wie in einem Panoptikum bemalt. Ein Stück weiter finden Sie sandsteinrote *chhatris* der Rathore-Dynastie. *Sonnenaufgang bis Sonnenuntergang. 8 km nördlich*

OSIAN **[113 E3]**

Zwischen Sanddünen überdauern die drei Jain- und Hindu-Tempel (8. bis 12. Jh.) von Osian, einer mittelalterlichen Stadt (5000 Ew.), die mit Karawanenhandel reich wurde. Überaus eindrucksstark ist der Figurenschmuck. Die Bildwerke gehören zu den besten Indiens. Im *Camel Camp* können Sie Zelte für alle Ansprüche mieten: von der Budget- bis zur Luxusvariante. Reservierungen bei *The Safari Club | High Court Colony | Jodhpur | Tel. 0291/24 70 23 | www.camelcamposian.com | €–€€€. 58 km nördlich*

ROHET **[113 E4]**

Freundlich-grün und friedlich sieht die Landschaft südlich von Jodhpur um das große Dorf Rohet (5000 Ew.) aus. Mit hohen Bäumen, Feldern und Bishnoi-Dörfern ist die Gegend ideal für Exkursionen zu Pferd, mit dem Kamel oder dem Jeep. Sogar Bruce Chatwin, Kultautor moderner Reiseliteratur, hat hier monatelang gewohnt und geschrieben. Unverändert blieb sein Zimmer im *Rohet Garh* erhalten. Der Landsitz ist mit seinen Bäumen und Rasenflächen, dem hellen Restaurant und schönen Pool eine Oase der Ruhe und beliebt bei Literaten, Künstlern und Reitern. Reitausflüge vom kleinen Ausritt bis zu mehrtägigen *horse safaris,* auch Jeep- und Kamelsafaris, werden hier angeboten. Der Miniaturenmaler Ganga Ram Kumawat hat einen Ho-

Insider Tipp

Hausbesitzer: Die Dorfbewohner in Osian leben in strohgedeckten Rundhütten

telladen. *34 AC-Zi. | Rohet Garh | Tel. 02936/26 82 31 | Reservieren bei Rohet House | P.W.D. Road | Jodhpur 342001 | Tel. 0291/2431161 | Fax 264 93 68 | www.rohetgarh.com | €–€€. 40 km südlich*

SALAWAS **[113 E4]**
Weithin bekannt geworden ist der Ort (5000 Ew.) als Musterbeispiel einer Dorfkooperative: *Dhurries* und Teppiche, Bettdecken und Zelte werden aus Wolle und Baumwolle, Ziegen- und Kamelhaar an rund 50 hölzernen Webstühlen produziert. Über Indiens Grenzen hinaus wird verkauft. Der Initiator und Gründer, Roopraj Prajapati, hat sich mit seiner Familie abseits vom Dorf eingerichtet und sitzt täglich am Webstuhl. Er produziert für seine Kunden auch nach Maß und hat seine *dhurries* (auch eigene Entwürfe) schon in London gezeigt. Besuchen und aussuchen! *Roopraj Dhurry Udyog | Post Salawas | Rajasthan 342804 | Tel. 0291/2896658. 26 km südlich*

Insider Tipp

SARDAR SAMAND **[113 F3]**
Kaum zu glauben, aber im Wüstenland gibt es auch Seen. Einer der von Zugvögeln gern besuchten Wasserplätze ist der *Sardar Samand.* Pelikane und Flamingos, Kraniche und Kingfisher können Sie hier beobachten, in der Umgebung auch die schlanken *chinkaras* (Gazellen), Antilopen und Schwarzbüffel. Für seine Stoffdrucker ist das nahe gelegene Dorf Pali bekannt, in anderen Dörfern trifft man Töpfer.

Das ehemalige Jagdschloss des Maharajas Umaid Singh, 1933 im Bauhausstil errichtet, thront über See und Buschwald. Es ist heute ein Welcom-Heritage-Hotel mit Pool, Tennis, Squash und Satelliten-TV. Exkursionen zu Fuß und Jeepsafaris werden von hier aus angeboten. *Samand Lake Palace | 45 Zi. |Tel. 0291/ 257 23 21 | Fax 257 12 40 | www.jodhanaheritage.com und www.welcomheritage.com | €€*

MANDAWA

[114 C4] Sie wollen den Nordosten Rajasthans besuchen, das sogenannte Shekawati-Land mit seinen Städten voller phantastisch bunt bemalter Fassaden, aber die Zeit für eine Rundfahrt zu mehreren Orten fehlt? Dann treffen Sie mit Mandawa eine gute Wahl. Wie keine andere Shekawati-Stadt bietet Mandawa (15000 Ew.) eine Auswahl an Hotels, kleinen Läden (auch Antiquitätengeschäften) und Restaurants. Eine Reihe von gut erhaltenen Havelis, im 18., 19. und frühen 20. Jh. entstanden, zählen zu den interessantesten der Region. Mandawas Straßen werden übrigens besser gekehrt als sonst im Shekawati-Land. Manche Gassen sind aber nicht nur voller Wüstenstaub, es fehlt auch noch an Kanalisation. Daher ist es ratsam, feste Schuhe zu tragen.

SEHENSWERTES

HAVELIS
Die meisten Shekawati-Havelis haben zwei umbaute Innenhöfe, der hintere ist für die Frauen. In den schweren Torflügeln ist oft eine kleine Tür für den täglichen Gebrauch eingebaut. Die bis zu sechs Stockwerke hohen Paläste wohlhabender Karawanenkaufleute spiegeln

die Größe der Familien sowie den Reichtum der Eigentümer wider. Einen Besuch lohnen die reizvollen Häuser *Gulab Rai* und *Saraf* (beide um 1870 erbaut), *Sneh Ram, Newatia, Murmuria* und das Gonkea-Doppel-Haveli *Ladhuram Tarkeswar*. Da es kaum Ausschilderungen gibt, ist ein Führer ratsam.

STUFENBRUNNEN HARLALKA BAOLI

Um 1850 erbaut, wird der Brunnen noch heute zur Bewässerung genutzt. Er zeigt Wandbilder mit Ringer- und Jagdszenen. Das Bild einer Kuh, die ruhig neben einem Tiger trinkt, kann als Hinduverheißung einer friedlichen Epoche, des Ram-Raj-Zeitalters, gedeutet werden.

Üppige Wandmalereien am Poddar-Haveli-Museum in Nawalgarh

MANDAWA-FORT ★

Stattlich und dekorativ umrahmt der Bau aus dem 18. Jh. hinter einem starken Tor den großen Innenhof. Weitere Gebäude und Rasenflächen mit großen alten Bäumen schließen sich im ummauerten Areal an. Allein die hohe, üppig ausgemalte Eingangshalle ist einen Besuch wert. Ein angeschlossenes Museum zeigt Münzen, Kostüme und Silberobjekte.

ESSEN & TRINKEN ÜBERNACHTEN

CASTLE MANDAWA

Das Mandawa-Fort ist seit langem in ein Hotel umgewandelt worden und noch immer im Besitz der einst herrschenden Rajputen-Familie. Das Hotel ist von orientalischem Ambiente geprägt, von den Torwächtern bis zu den gepolsterten Ruheplätzen in den Fensternischen. Tanz- und Fackelvorführungen, Restaurant und Bar. Vom Hoteldach haben Sie einen hervorragenden Blick über die Stadt. *74 Zi., teils mit Himmelbetten und AC | Tel. 01592/22 31 24 | Fax 22 31 71 | www.castlemandawa.com | reservieren unter Tel. 0141/ 237 11 94 | Fax 237 20 84 | €€*

DESERT RESORT

Die in Lehmarchitektur erbaute Komfort-Bungalow-Oase liegt außerhalb der Stadt und bietet Restaurant, Pool, Ayurvedacenter und Garten. *61 Zi. und Rundbauten, teils AC | Tel. und Fax wie Castle Mandawa | €€*

HERITAGE MANDAWA

Das historische Haveli mit einem Innenhof und modernen Wandbildern ist eher einfach ausgestattet. Gutes Restaurant. *30 Zi. | Tel. und Fax 01592/22 37 42 | www.hotelheritagemandawa.com | €*

AUSKUNFT

RTDC TOURIST RECEPTION CENTRE

Jhunjunu (ca. 30 km), Churu Bypass, Mandawa Circle | Tel. 01592/ 23 29 09 | Fax 231 60 60

ZIEL IN DER UMGEBUNG

NAWALGARH **[114 C4]**

Wer kein geübter „Stadtindianer" ist, geht am besten mit Führer durch die vor bald drei Jahrhunderten gegründete Stadt Nawalgarh (20 000 Ew.). Denn gewöhnungsbedürftig ist das Straßenbild mit den bröckelnden Mauern und großen Löchern in der Straßendecke, den mit Wahlplakaten überklebten Fassadenbildern oder einem bunten Basar, in dessen Gassen hungrige Kühe auch Papier fressen. Zwischen dem Gewusel von Dorffrauen und hupenden Rikschafahrern auf drei Rädern, den *threewheelers,* zwischen Kindern, die nicht in die Schule gehen, und inmitten von Abfallhalden herumstreunenden Hunden gibt es viel zu entdecken.

Neben rund 150 Havelis – mehr als in allen anderen Shekawati-Plätzen –, zwei Forts, den *Ganga-Mai-Tempel* beim Nansa-Tor ist das ★ *Poddar-Haveli-Museum* ein besonderer Anziehungspunkt. Das vorbildlich restaurierte Haveli der Kaufmanns- und Industriellenfamilie Poddar aus den 1920er-Jahren ist mit 700 Bildern an der Fassade, den Innenräumen und im Innenhof geschmückt. Sie stellen Mahabharata-Szenen dar, das Gangaur-Festival, Kolonialbeamte, Eisenbahnen und Autos. Außerdem zeigt das Museum eine Sammlung von Musikinstrumenten und Textilien sowie Fotos über den Freiheitskämpfer und Kongressabgeordneten Anandilal Poddar. Im Obergeschoss befindet sich eine Schule. *Tgl. 8.30–16.30 Uhr. 25 km südöstlich*

Ein gutes Quartier für Shekawati-Exkursionen bietet der 1 km außerhalb der Stadt in einem herrschaftlichen Park gelegene *Roop Niwas Palace* mit großen Terrassen, Garten, Restaurant und Bar, Pool und Gestüt. Pferdefreunde können hier auch auf Marwari-Pferde treffen, eine Rasse mit langer Tradition, die erst seit einigen Jahren wieder für den Reitsport gezüchtet wird. *30 Zi. | Tel. 01594/22 20 08 | Fax 22 33 88 | oder Jaipur 0141/262 29 49 | €. 30 km südlich*

> MARMORTEMPEL IM GRÜNEN

Der Süden Rajasthans lockt mit Palmengärten, Seen, Wäldern und prachtvollen Tempeln

> Wer in Rajasthans Süden reist, lässt die Sanddünen der Wüste Thar hinter sich. Aus dem Land Marwar geht es ins Land Mewar, in dem bis 1947 insgesamt 76 Generationen lang die Ranas und Maharanas (so heißen hier die „Großkönige") der Sisodia-Dynastie herrschten.

Die Familie ist heute noch bedeutend für die Region: Mit Stiftungen und Initiativen engagieren sich die Sisodias für Umwelt- und Denkmalschutz, für Bildung und Kultur, und beweisen dabei Gespür für plakative Aktionen, wie beim Einsatz solarbetriebener Boote auf dem Pichola-See von Udaipur.

Weniger friedlich sind die Legenden, von denen die zahlreichen Forts der Gegend erzählen. Viele Inder pilgern zu den Festungen Chittorgarh und Kumbhalgarh: Auch wenn hier die Schauplätze von blutigen Hinduniederlagen waren, sind die Geschichten von Heldentum, Verrat und

Bild: Feld bei Udaipur

UDAIPUR DER SÜDEN & SÜDOSTEN

Opferbereitschaft den Einheimischen oft noch präsent. Im Norden gibt es zwar auch viele Forts, doch Rajasthans Süden kann seine Gäste üppiger mit Palmenparks und Gärten, mit Seen und Wäldern verwöhnen, auch an noch wenig bekannten Orten von Dungarpur bis Bassi. Um Mount Abu können Sie schön spazierengehen, auch an den Ufern von Rajasthans längstem Fluss, dem Chambal, lockt viel Grün.

Udaipur, die größte Stadt im Süden, ist für viele auch die schönste Stadt Rajasthans. Und die marmornen Kostbarkeiten der Jain-Tempel von Ranakpur und Mount Abu zählen zu den besten Werken der indischen Architektur und Kunst. Noch grüner als das Land Mewar ist im Südosten das Hadaoti-Land zu erleben, um Kota, Bundi und Jhalawar. Um Jhalawar gibt es steinzeitliche Höhlen und buddhistische Stätten.

BUNDI

[116 C3] **Die 1342 gegründete Fürstenstadt (90 000 Ew.) liegt abseits der Hauptrouten in einem breiten Talgrund zwischen steinigen Felsrücken.** In den stillen Altstadtgassen trifft man auf Familien, die ihre Wäsche oder die großen Messinggefäße für den Milchtransport waschen, auf Silberschmiede und Fotoläden. Langsam breitet sich der Ruf der wunderbaren Wandmalereien des Stadtpalasts aus, allmählich steigt auch die Zahl der Touristen. Eine architektonische Spezialität der Stadt bilden die 65 Stufenbrunnen *(baoris)*. Reizvoll und ruhig sind die Parks und kleinen Seen, die Paläste und Tempelstätten in der nahen Umgebung.

Milchtransport per Fahrrad: in den engen Altstadtgassen von Bundi

SEHENSWERTES

GARH PALACE (STADTPALAST)

Unterhalb der Stadtfestung *Taragarh Fort* gelegen, aber immer noch ein veritabler Aufstieg: Durch das *Hazari Darwaza* (Tor der Tausend) und das *Hathi Pol* (Elefantentor) erreichen Sie die Terrasse des Royal Retreat samt einem kleinen *Diwan-i-Am* (Audienzhalle mit Marmorthron). In den benachbarten Ställen wurde ein bescheidenes Café eingerichtet. Weiter oben geht es zu den Palästen *Chittra Mahal, Badal Mahal* und *Chitrashala.* Alle sind geschmückt mit detailreicher Wandmalerei der Bundi-Malschule, die berühmt ist für ihre Palette aus Türkis-, Blau- und Grüntönen. Die kostbare Werkgruppe, etwa um 1800 entstanden,

Insider Tipp

zeigt elegant gemalte Hofszenen und Darstellungen der Krishnalegenden voll tänzerischer Leichtigkeit. Die Kunstwerke sind teils restaurierungsbedürftig. Doch seit Jahren stockt die konservatorische Betreuung – angeblich wegen Familienstreitigkeiten der Maharajas. *Tgl. 7–17 Uhr | Fragen Sie nach dem erfahrenen Fremdenführer Billu, den jeder kennt.*

RANIJI KI BAORI

Einer der schönsten Stufenbrunnen in Bundi wurde 1695–1729 erbaut, mit Galerien, Säulen und Steinschnitzereien. Je nach Wasserstand ist der etwa 20 m tiefe Brunnen begehbar. *Im Stadtzentrum, nahe dem Azad Park*

SAR BAGH

Der Park mit seinen mächtigen Bäumen ist zugleich Erinnerungsstätte für die Bundi-Maharajas, deren 66 *chhatris* (Gedenkpavillons) hier errichtet wurden. Entgegen üblichem Hinduritus wurden einige Tote ohne Verbrennung unter Steinquadern bestattet. *Nördlich vom Jait Sagar (Jait-See) am Stadtrand*

ESSEN & TRINKEN

DWARIKA

Im Gartenrestaurant wird südindische und chinesische Küche serviert, außerdem gibt es Snacks. *Im Südwesten der Stadt, Richtung Chittorgarh, nahe Lanka Gate | Tel. 0747/244 52 75* | €

KASERA

Angenehmes Dachrestaurant mit vegetarischer Küche in 350 Jahre altem Haveli (auch Hotel). *Im Nagadi Basar in der Altstadt | Tel. 0747/244 46 97* | €

EINKAUFEN

Kunsthandwerk und Schmuck in qualifizierter Auswahl und zu vernünftigen Preisen bietet der Laden im Hotel Haveli Braj Bhushanjee. Insider Tipp

MARCO POLO HIGHLIGHTS

★ Udaipur
Die schönste Stadt Rajasthans, vielleicht sogar ganz Indiens (Seite 80)

★ Palastfort Devi Garh
Edeldesignhotel in Rajputenmauern (Seite 84)

★ City Palace
Drei in einem: Wohnsitz, Museum und Luxushotel in Udaipur (Seite 81)

★ Jain-Tempel von Ranakpur
Im Tal der filigranen weißen Tempel (Seite 87)

★ Dilwara-Tempel
Marmorwunder in Rajasthans einzigem Höhenort Mount Abu (Seite 79)

★ Fort Chittorgarh
Heroisch und romantisch: der Ruhm der Ruinen (Seite 74)

★ 1000 Jahre alte Skulpturen
Götterglanz im Brij Vilas Palace Museum von Kota (Seite 77)

★ Juna Mahal Palace
Kostbarkeiten auf Dungarpurs Stadthügel (Seite 76)

ÜBERNACHTEN

HAVELI BRAJ BUSHANJEE

Die angenehmen Räume mit historischer Ausstattung liegen in einem der schönsten Havelis von Bundi. Gartenhof und edel ausgestattetes Restaurant in einer Säulenhalle (kein Alkohol). Die Eignerfamilie ist sehr aufmerksam um ihre Gäste bemüht. *24 Zi. | Tel. 07447/244 23 22 | Fax 244 21 42 | www.kiplingsbundi.com | €–€€*

ISHWARI NIWAS HERITAGE RESORT

Das Heritage-Hotel ist mit Art-déco-Elementen und großem Innenhof ausgestattet. In der *dining hall* speisen Sie unter Tigertrophäen. *20 Zi. | beim Circuit House | Tel. 0747/244 24 14 | Fax 244 35 41 | €–€€*

AUSKUNFT

TOURIST INFORMATION OFFICE

Auch Vermittlung von Privatunterkünften *(paying guest)*. *Pdt. Brijnarayan Ki Kothi, 532, nahe Raniji-ki-Baori | Tel. 0747/244 36 97*

ZIEL IN DER UMGEBUNG

BIJOLIA [116 C3]

Am Südwestrand des geschäftigen Landstädtchens (etwa 10 000 Ew.) liegt ein stilles Tempelareal – von ehemals ca. 100 Tempeln aus dem 13./14. Jh. stehen noch drei. Eine große Ganesha-Figur ist von zahllosen Händen der Gläubigen hochglanzpoliert. *Etwa 40 km südwestlich*

CHITTORGARH

[116 B3] **Die Hochfläche über dem Fluss Berach und der Alt- und Neustadt von Chittorgarh (etwa 95 000 Ew.) hat große Bedeutung in der Geschichte Rajasthans.** Hier ist ältestes Siedlungsgelände der Rajputen, auch wenn die Stadt erst 728 gegründet worden sein soll und erst im 12. Jh. zur Hauptstadt der Mewar-Region wurde. Die muslimischen Heere erklommen die 150 m hohen Steilhänge des Forts zwischen 1313 und 1567 dreimal und überwältigten die Verteidiger. Jedes Mal beging der Großteil der Frauen und Kinder das heroische Ritual des *jauhars,* des kollektiven Selbstmords in Scheiterhaufen, um sich nicht den Siegern auszuliefern. Und die Männer kämpften bis zum Letzten. *City of Valour,* Stadt des Mutes, wird Chittorgarh deshalb auch genannt.

SEHENSWERTES

FORT CHITTORGARH ★

Von der früher so umkämpften Festungsanlage auf dem Hochplateau sind nur noch Ruinen zu sehen. Die wichtigsten Monumente der Ruinenlandschaft sind die sieben Tore, weitläufige Palastruinen, Tempel und Teiche wie der *Gaumukh Kund* (Kuhkopfteich), in den das Wasser aus einem steinernen Kuhmaul strömt, und der markant schlanke, 37 m hohe Siegesturm *(Vijay Stambha),* der Mitte des 15. Jhs. von Rana Kumbha errichtet wurde.

Erhalten ist auch der Pavillon der Prinzessin Padmini aus Sri Lanka. Um ihn ranken sich Legenden: Der Mogulherrscher Sultan Ala-ud-din Khilji erblickte im Jahr 1303 das Spiegelbild der Prinzessin und damaligen Königin und versprach, die Belagerung der Stadt aufzugeben. Doch er brach sein Versprechen und eroberte das Fort. Die Schöne gewann

Ältestes Siedlungsgelände der Rajputen: Hochplateau von Fort Chittorgarh

er dennoch nicht – sie starb beim *jauhar*. Der Rundgang über den rund 4 km langen Hügel (auch per Wagen möglich) dauert mehrere Stunden. Ein Faltplan ist nützlich, auch eine Cafeteria gibt es.

ESSEN & TRINKEN ÜBERNACHTEN

PADMINI

Seit Jahrzehnten bewährtes, vor wenigen Jahren erweitertes Familienhotel mit großem Speisesaal und weitläufigem Gartenareal, Reitmöglichkeit. *Über 100 Zi. und Suiten, teils mit TV und Fort- und Flussblick | an der Stadteinfahrt von Kapasan her | Tel. 01472/24 17 18 | Fax 24 19 97 | www.hotelpadmini.in | €*

ZIEL IN DER UMGEBUNG

BASSI [116 B3]

Die kleine Landstadt (etwa 5000 Ew.) mit ihren schmalen Gassen und Kunsthandwerkern, die u.a. kleine geschnitzte Tempel und Holzspielzeug herstellen, lohnt unbedingt einen Aufenthalt – besonders wegen des nahen Wildreservats im Hügel- und Seenland des Vindhya-Gebirges, mit Safaris, Bootsfahrten und Lagerfeuern. Der *Bassi Fort Palace (18 Zi. und Suiten | Tel. 01472/22 53 21 | Fax 24 08 11 | www.bassifortpalace.com | €€)* am Fuß des Forthügels wurde stilsicher in ein attraktives Heritage-Hotel verwandelt. Die Eigner bieten Fahrten über eine raue Piste zum Bhil-Dorf Pat an, dessen Bewohner sich der Moderne inklusive Elektrizität verweigern, Besucher aber freundlich begrüßen. *20 km nördlich*

DUNGARPUR

[116 A5] **Eine Freude für die Augen, ein Genuss für die Seele – so wirkt Dungarpur (55 000 Ew.) auf Reisende.** Der Name bedeutet Stadt der Hügel. Denn die meist einstöckigen Häuser am silbrigen Gaib Sagar liegen inmitten einer hügeligen Wald- und Felderlandschaft. Das frühere Fürstentum ist heute quirliges Basarzentrum für den westlichen Teil des ländlichen Vagad-Distrikts mit seinen vielen Dörfern der Bhils, der Ureinwohnerstämme. Von ihren Arbeitserlösen in den Golfstaaten haben nach Dungarpur rückkehrende Bewohner sich straßenweise aufwendige Wohnhäuser mit farbigen Fassaden gebaut.

SEHENSWERTES

GAIB SAGAR

Am See leben zahlreiche Vögel, die auch mit bloßem Auge von der malerischen Tempelinsel vor dem Udai-Bilas-Palast aus zu erkennen sind.

JUNA MAHAL PALACE ★

Der pittoreske 700-jährige Palast, kunst- und architekturhistorisch von außerordentlich hohem Rang, liegt 300 m über der Stadt. Er ist per Straße oder auf Trekkingpfaden erreichbar. Auf sieben Stockwerken sind Säle mit farbenfrohen Wandmalereien aus dem 16. bis 19. Jh. geschmückt. Ihre große künstlerische Bedeutung wird erst langsam entdeckt und gewürdigt. Besonderheit ist eine Kamasutragalerie mit heiteren erotischen Darstellungen. Der Wärter erwartet fürs Öffnen des Wandkabinetts ein Trinkgeld! Besucher melden sich im Hotel *Udai Bilas Palace* an *(9–17 Uhr)*.

ESSEN & TRINKEN ÜBERNACHTEN

UDAI BILAS PALACE

Insider Tipp

Am Seeufer in einem Park mit exklusivem Swimmingpool (optisch raffinierter Übergang der Wasserfläche zum See). Die indische Küche ist exzellent, nimmt aber Rücksicht auf europäische Gaumen. 22 AC-Zimmer und Suiten sind mit prächtigen flächendeckenden Dekors ausgestattet, mit Wandgemälden, Textilien und phantastischen Spiegelmosaiken. Reiche Steinschnitzereien schmücken den skurrilen turmförmigen Pavillonpalast im Innenhof. Familiär geführt, sehr freundlich. *Tel. 02964/23 08 08 | Fax 23 10 08 | www.udaibilaspalace.com* | €€

Farbenfroh: Auch beim Tempelbesuch kleiden sich Rajasthans Frauen in leuchtendem Rot

ZIEL IN DER UMGEBUNG

BANESHWARA [116 B5]

Im Januar/Februar feiern die Bhil-Ureinwohner bei Baneshwara (60 km östlich) am Zusammenfluss von Mahi, Jakham und Som eines der größten Stammesfeste Rajasthans, u. a. mit Bogenschießen und Zauberkünstlern. *Auskunft: Tourist Reception Centre Udaipur | Tel. 0294/ 241 15 35*

KOTA

[117 D3] **Die 800 000-Ew.-Stadt am Chambal-Fluss ist die am stärksten industrialisierte Stadt in Rajasthan.** Ihren Platz auf der touristischen Landkarte verdankt Kota einem Ereignis des Jahres 1631: Damals gewann Kota mit Unterstützung vom Mogulkaiser Shah Jahan die Unabhängigkeit vom nahe gelegenen – heute viel kleineren – Bundi. Paläste und Parks entstanden bis ins 20. Jh., manche Viertel haben bis heute die Atmosphäre einer Residenzstadt bewahrt. Weil an Wasser kein Mangel herrscht, gilt Kota auch als Stadt der Brunnen. Zentrumsnah liegt der im 15. Jh. aufgestaute See *Kishore Sagar*, mit dem schönen Inselpalast *Jag Mandir.*

SEHENSWERTES

BRIJ VILAS PALACE MUSEUM (GOVERNMENT MUSEUM)

So ausgesprochen schöne ★ 1000 Jahre alte Skulpturen von Göttern und Frauen (9.–11. Jh.) sind selbst in Rajasthans Museen eine Seltenheit. Im Garten gibt es einen Stufenbrunnen. *Im Brij Vilas Palace, nordöstlich vom See Kishore Sagar | Sa–Do 10–17 Uhr*

GARH PALACE (STADTPALAST)

Hinter dem farbenprächtigen *Hathi Pol* (Elefantentor) erstreckt sich das im 17. Jh. erbaute Palastensemble mit Gärten. Unbedingt sehenswert sind die großartigen, teils noch gut erhaltenen Wandgemälde der Bundi-Malschule. Exklusive Innenarchitektur des 18. Jhs. bietet das achteckige Schlafzimmer mit farbig eingelegtem Glas an den Wänden. Im Obergeschoss des *Bhim Mahal* haben Sie von der imposanten roten Säulenhalle einen schönen Blick auf Stadt und Fluss. Insider Tipp

Angeschlossen ist das *Maharao Madho Singh Museum.* In der *Durbar Hall,* in der früher Ratsversammlungen abgehalten wurden, können Sie riesige Schlösser für Palasttore, Manuskripte, Elefantensitze und Sänften, aber auch ein Chosar- oder Pachisi-Spiel, die indische Urform des Mensch-ärgere-dich-nicht, bewundern. Höhepunkt ist die Miniaturensammlung im *Bada Mahal,* zu deren Bildmotiven Europäer in Tropenhelmen und eine indische Dame beim Nacktbaden gehören.

Im Stadtpalast gibt es auch ein bescheidenes Restaurant (Snacks). *Sa bis Do 10–16.30 Uhr | Eintritt nur mit Ticket fürs Maharao Madho Singh Museum*

ESSEN & TRINKEN

BRIJ RAJ BHAWAN PALACE

Im frühen 19. Jh. erbaut, war der Palast am Fluss Sitz des britischen Residenten. Elegant-nostalgischer Speisesaal, Multicuisine mit Gemüsen und Gewürzen aus dem königlichen Hausgarten. Reservierung erforderlich (auch Hotel mit 6 AC-Zimmern).

Civil Lines | Tel. 0744/245 05 29 | Fax 245 00 57 | €€

VENUE
Gepflegtes Stadtrestaurant im Hotel Navrang, vegetarisch mit Multicuisine-Karte. *Civil Lines, Station Road, nahe beim Postamt | Tel. 0744/ 234 01 79* | €

EINKAUFEN

ADARSH SAREE
Gute, preiswerte Auswahl an Stoffen. Auch Kotas Spezialität, Saristoff aus Baumwolle mit eingewebten Seidendessins (5,5 m etwa 20 Euro), ist hier zu haben. *Bheru Gali, Rampura Bazar*

ÜBERNACHTEN

PALKIYA HAVELI
Eines der schönsten alten Häuser Kotas, zentral und ruhig gelegen, mit Gartengrün in Höfen, Balkons und Terrassen. Geführt wird es von der Familie der Rathore-Rajputen von Palkiya. Jeepsafaris. *Mokha-Para, nahe Suraj Pole | Tel. 0744/238 74 97 | Fax 238 720 75* | €

AUSKUNFT

TOURIST RECEPTION CENTRE
Hotel Chambal | Tel. 0744/ 232 76 95, 232 65 27

ZIELE IN DER UMGEBUNG

Insider Tipp

DARRAH WILDLIFE SANCTUARY [117 D3]
Im 250 km² großen Gelände, einst Jagdrevier des Maharajas, sind u. a. Leoparden, Panther, Bären, Wildschweine und Antilopen beheimatet. Es ist von Mitte September bis Anfang Juli zugänglich. Beim Tourist Reception Center in Kota nach einem Führer fragen! Zwei kleinere Wildlife Sanctuaries bei Kota lohnen ebenfalls einen Besuch: das *Jawahar Sagar (30 km westlich)* und das *National Chambal Wildlife Sanctuary (30 km nordöstlich)*. Die Sanctuaries haben den berühmten National Parks etwas voraus: Sie sind nicht so stark besucht, Chancen für Begegnungen mit Tieren stehen oft besser. *Darrah Sanctuary: ca. 70 km südwestlich*

JHALAWAR [117 D4]
Inmitten einer touristisch noch kaum entdeckten Landschaft liegt Jhalawar (50 000 Ew.) am Rand der teils dicht bewaldeten Malwa-Hochebene. Hier gibt es die einzigen buddhistischen Mönchshöhlen Rajasthans zu sehen, historische Forts und Orangenhaine. Jhalawars Stadtpalast kann nur mit Sondererlaubnis besichtigt werden. Im Oktober/November findet ein großer Rinder- und Kamelmarkt statt, der authentischer ist als der berühmte Pushkar-Markt. *90 km südlich*

MOUNT ABU

[113 D6] **Erlösung von der Hitze bietet Rajasthans einziger, im Süden des Aravalligebirges gelegener Höhenort (1200 m) im Sommer.** Im Januar und Februar freuen Sie sich dagegen in Mount Abu (20 000 Ew.) nachts über warme Decken – und spazieren tagsüber wie in europäischem Frühlingsklima durch das hügelige, weithin parkähnliche Gelände. Fußgängerzonen laden zum Flanieren, der *Nakki-See* zum Rudern ein. Eine schöne Fernsicht bietet der *Sunset Point,* auf den auch Kutschen fahren. Auf Safaris im dicht bewaldeten *Mount Abu*

Sanctuary (am Stadtrand) können Sie Leoparden, Antilopen, Hirschen und Bären begegnen *(Zugang von Sonnenaufgang bis Sonnenuntergang)*. Es wird empfohlen, nicht ohne Führer zu gehen, da Touristen in jüngster Zeit mit Steinen beworfen wurden.

SEHENSWERTES

ADHAR-DEVI-TEMPEL

Der in einer schmalen Felsschlucht gelegene Hindu-Tempel wurde dort teilweise herausgemeißelt. 360 Stufen führen zu ihm hinauf. *3 km nördlich vom Zentrum*

DILWARA-TEMPEL ★

An der Marmorpracht der Jain-Tempel, die zu den schönsten Indiens zählen, wurde acht Jahrhunderte (11.–18. Jh.) lang gebaut. Trotzdem blieb einer der vier Haupttempel, der *Risah-Deo-Tempel,* unvollendet. Den Dilwara-Tempeln gemeinsam ist der meisterhafte Relief- und Skulpturenschmuck, der alle Säulen, Decken, Wände und das Innere der Kuppeln überzieht. Dank exquisiter Steinschnitzereien und ausgeklügelter Lichtführung in den Tempelhallen wirkt das reichhaltige Dekor dennoch nicht erdrückend. Im *Risah-Deo-Tempel* dominiert die über 4 t schwere Skulptur eines Furtbereiters *(tirthankar)* aus Gold, Silber, Kupfer, Zinn und Zink. *Für Nicht-Jain-Gläubige tgl. 12–18 Uhr*

RAJ BHAWAN ART MUSEUM AND GALLERY

Kleine, doch sehenswerte Sammlung von Skulpturen aus dem 9./10. Jh. sowie Textilien. *Sa–Do 10–16.30 Uhr | Raj Bhawan Road*

Prächtiger Schauplatz für Sonnenuntergänge: Sunset Point auf Mount Abu

ESSEN & TRINKEN

JAIPUR HOUSE

Insider Tipp

Heritage-Hotelrestaurant mit grandioser Aussicht. Besonders faszinierend ist der Blick am Abend über die Lichter der Stadt. Die Küche ist dagegen eher durchschnittlich. *Südlich vom Nakki Lake | Tel. 02974/23 51 76* | €€

SHERE-E-PUNJAB

Wohl das beste Restaurant Mount Abus außerhalb der Hotels, auch Fleischgerichte. *Am Rotary Circle südlich vom Polo Ground | Tel. 02975/23 80 44* | €€

ÜBERNACHTEN

PALACE HOTEL

Der 1893 erbaute ehemalige Sommerpalast des Maharajas von Bikaner liegt inmitten eines großen Parks. Das gründlich renovierte Heritage-Hotel bietet ein stilvolles Restaurant mit hervorragender Küche (indisch und westlich), Billard und Tennis. *33 Zi. | Dilwara Road | Tel. 02974/23 51 21 | Fax 23 86 74 | www.palacehotelbikanerhouse.com* | €€

AUSKUNFT

TOURIST RECEPTION CENTRE

Gegenüber dem Busbahnhof | Tel. 02974/23 51 51

ZIELE IN DER UMGEBUNG

Insider Tipp

BHENSWARA (BEI JALORE) [113 D5]

Ursprüngliches Dorfleben (4000 Ew.) in grüner Landschaft: Schulkinder umdrängen die Gäste, Keramiker, Weber und Silberschmied zeigen ihre Werke, Jain-Gläubige bitten zu ihrer Tempelfeier. Sie können reizvolle abendliche Safaris zu den Leoparden der Esrana-Berge mit Thakur Dalvir Singh unternehmen, dem Eigner des *Ravla Bhenswara*-Heritage-Hotels mit 30 historisch eingerichteten Zimmern und Suiten. Das Hotel bietet zwei Restaurants, Dachterrassen und Gartenhof, Fahrradverleih, Kochkurse und Führungen durchs Dorf. Im nahen Gartenhaus *Madho Bagh* gibt es vier weitere Zimmer sowie einen Pool. *Tel. 02978/22 21 87 | rawlabhenswara@yahoo.co.in* | €–€€. *165 km nördlich*

GURU SHIKAR [113 D6]

Vom höchsten Gipfel (1720 m) zwischen Himalaya und den Nilgiris in Südindien (die Straße führt fast bis zum Gipfel!) haben Sie einen herrlichen Blick auf die Mount-Abu-Höhen und Südrajasthan. *15 km nördlich*

PINDWARA [113 D5]

Wenn neue Hindu-Tempel entstehen, dann fast immer nach alten Mustern. In Pindwara (20 000 Ew.) kann man zuschauen, wie mit Hammer und Meißel, aber auch mit dem Elektrobohrer Marmorfiguren von Göttern und Tänzerinnen geschaffen werden. Hunderte von Männern und Frauen arbeiten in festen Werkstätten und unter Zeltdächern. *40 km nordöstlich*

UDAIPUR

KARTE IN DER HINTEREN UMSCHLAGKLAPPE

[116 A4] ★ **Udaipur ist das Wunderkind unter Rajasthans Städten. Sie ist noch immer eine Schönheit, manche sagen: die schönste Stadt Indiens (500 000 Ew.).** Und das, nachdem in der Residenzstadt der Sisodia-Herrscher jahrhundertelang der Staat Mewar gegen Mogulkaiser und andere aggressive Nachbarn gekämpft hat. Spaziergänge in Palastgärten und in subtropischen Parks, Bootsfahrten über die vier Seen inmitten der Stadt, Besuche in den Ateliers der Miniaturmaler, in den Werkstätten der Schneider und Teppichknüpfer, Speisen auf Dachterrassen mit traumhaften Ausblicken oder in luxuriösen Palastrestaurants – in Udaipur lässt es sich gut leben. Ähnlich wie in Jaipur wurden viele Paläste in Hotels umgewandelt.

SEHENSWERTES

BHARATIYA LOK KALA MANDALA

In der hochrangigen Sammlung zur Volkskunst in Rajasthan erfahren Sie Interessantes über die *tribals* und *hill people.* Mit authentischen Puppenspiel- *(tgl. 18 Uhr)* und Tanzvorführungen, Laden und Café. *Tgl. 9–18 Uhr | nördlich vom Chetak Circle*

CITY PALACE ★

Über einen halben Kilometer erstrecken sich über dem Lake Pichola die prachtvollen Palastfassaden, erbaut von 1568 bis ins 19. Jh. Eine Stadt in der Stadt ist dieses Palastensemble, vom Chef der Familie, Arvind Singh, glanzvoll in jahrzehntelanger Arbeit restauriert. Die Sisodia-Familie bewohnt rund die Hälfte der Räume, ein Großteil wird als Museum genutzt. Träume aus Tausendundeiner Nacht werden dort wahr: In den zahllosen Hallen, Salons und Galerien

Vielleicht die schönste Stadt Indiens: Udaipur mit seinem prächtigen Stadtpalast

werden kostbare Waffen, Historien- und Jagdgemälde, Gläser und Porzellan, Pretiosen und Fotos aus dem Hofleben gezeigt, dazu fürstliche Verkehrsmittel vom Elefantensessel bis zum Rolls-Royce. Exquisite Pfauenmosaiken im Hof des Priyatama-Palastes. Die Insider Tipp Crystal Gallery im Shiv Niwas Palace wurde 1890 bei einer britischen Firma in Auftrag gegeben, doch Thronsessel und Maharanabett aus Kristall wurden nie benutzt. Mit Gold ließen sich die Maharanas zum Geburtstag aufwiegen *(9.30–16.30 Uhr | Zugang von Norden).* Im Südteil sind zwei prächtige Palasthotels untergebracht.

> LOW BUDGET

> Gut und günstig ist das Essen im *Savage Garden* in Udaipur, kreativ die Küche. Das schöne Ambiente mit dem blauen Innenhof und den edel designten Räumen bekommen Sie noch umsonst dazu. *22, inside Chandpole | Tel. 0294/2425440 |* €–€€

> Für ein paar Cent Eintritt kommen Sie in Kotas Stadtpark mit Krokodilteich am Chambal-Fluss, in dem auch Krokodile leben. Und die viertelstündige Bootsfahrt auf Rajasthans größtem Fluss kostet nur ca. 20 Cent.

> Eintritt frei zur Ruinenromantik: Die seit anderthalb Jahrtausenden verehrte Tempelstätte bei *Menal* über tief eingeschnittenem Flusstal finden Sie am Rande der Nationalstraße N 76 Chittaurgarh–Bundi nördlich von Bijolia (auf den meisten Karten nicht verzeichnet). Am Fluss gibt es gute Picknickplätze!

FATEH SAGAR

Gut für eine Ruhestunde: Der Fateh Sagar ist wie der Lake Pichola ein künstlich angelegter See, mit Restaurant im Nehru-Park auf der Insel (Fährboote).

JAGDISH-TEMPEL

Der aus dem 17. Jh. stammende Tempel ragt markant im Altstadtgedränge hervor. Mit schwarzer Vishnu-Statue. *150 m nördlich vom City Palace*

MONSUN-PALAST (SAJJANGARH-PALAST)

Insider Tipp

Auf dem Hügel westlich der Stadt sollte im späten 19. Jh. ein neunstöckiges Palast-Observatorium entstehen, doch der Bauherr starb, und der Palast wurde nur halb so hoch wie geplant. Heute blickt man nicht mit Teleskopen zu den Sternen hinauf, sondern genießt großartige Rundblicke, 300 m über Udaipurs Seen. Dem Naturschutz dient die Ökoausstellung im Erdgeschoss. *Ohne Wagen langer Aufstieg! 9–17.30 Uhr (letzter Eintritt)*

MOTI MAGRI (PERLENHÜGEL)

Erholsames Parkgelände östlich über dem Fateh Sagar. Auf dem Hügel erhebt sich das Reiterstandbild des Rana Pratap, der 1576 trotz Niederlage gegen das Heer des Mogulkaisers Akbar die Unabhängigkeit Mewars erhalten konnte. *Tgl. 9–18 Uhr*

SAHELIYON KI BARI

Der *Garten der Ehrendamen* (die Prinzessin hatte 48 Hofdamen!) mit Springbrunnen, Lotusteich, Pavillons und Kindermuseum ist ein Bougainvillea- und Rosenparadies. *Tgl. 9 bis 19.30 Uhr*

Insider Tipp
SHILPGRAM
Kombination aus Bauernhofmuseum und Kunsthandwerkerdorf – mit Volkstanz, Akrobatik, Musik und Zauberkunst. Kunsthandwerker und Liebhaber ihrer Produkte treffen sich hier. Mehrere Bundesstaaten sind beteiligt, es werden auch kleine Festivals veranstaltet. Mit Restaurant. *Tgl. 11–19 Uhr | 3 km westlich vom Fateh Sagar (ausgeschildert)*

ESSEN & TRINKEN

Insider Tipp
AMBRAI
Das von 17 bis 23 Uhr geöffnete Gartenrestaurant liegt direkt am Lake Pichola mit herrlichem Baumbestand. *Outside Chand Pole | Tel. 0294/241 14 57 | €€*

BERRYS
Bewährte Stadtadresse für Multicuisine. Für 2 Euro gibt's Tandoori Butter Chicken. *Chetak Circle | Tel. 0294/252 51 32 | €*

CAFÉ EDELWEISS ▶▶
Der Hinweis *German Bakery* zieht: Im indisch-deutsch geführten Lokal trifft sich die Globetrotterszene. *73, Gangaur Ghat | Tel. 0941/4233573 | €*

THE GALLERY RESTAURANT
Sehr gute Küche – europäisch und indisch –, dazu indische Weine und Sekt. Mit bester Aussicht auf den Lake Pichola genießen Sie die exklusive Atmosphäre des Shiv Niwas Palace (im City-Palace-Areal, auch Hotel). *Tel. 0294/252 80 16 | Fax 2528008 | €€–€€€*

JAGAT NIWAS PALACE
Auf der exquisit schönen Restaurantterrasse überm Lake Pichola essen Sie im gleichnamigen, gleichfalls empfehlenswerten Heritage-Hotel. *24–25, Lalghat | Tel. 0294/242 01 33 | Fax 241 85 12 | €€*

Volkskunst: Musiker in Shilpgram

EINKAUFEN

ALI BABA ARTS
Eigene Bilderproduktion, Kunsthandwerk. *Lake Palace Road*

FABRIC RADHA KRISHNA
Seiden, Teppiche und Tischwäsche mit ethnischen Designs, *14, Lalghat*

GEM ARTS EMPORIUM
Exquisite Juwelen und Edelsteine. *119, Saheli Marg, Sahelion ki Bari*

ÜBERNACHTEN

KANKARWA HAVELI
Am Lake Pichola verwinkelt um einen Innenhof gebaut, mit Dachterrasse. Freundlicher Service. *15 Zi., davon 7 mit Seeblick | 26, Lalghat | Tel. 02497/241 14 57* | €

Insider Tipp
KARNI FORT BAMBORA
Das Märchenschloss auf einem steilen Hügel ist 250 Jahre alt. Es lag in Ruinen, bis es von einer Rajputen-Familie restauriert wurde. Ein Ambiente, das den Gast zur Ruhe kommen lässt: Marmorelefanten um den luxuriösen Pool, Miniaturen im Speisesaal. Es werden Ausflüge in die dörfliche Umgebung, zu Pferd oder im Jeep angeboten. *Karni Fort (40 km südöstlich) | Tel. 0294/23 22 20 | Fax 0291/2512105* | €€

LAKE PALACE
Eines der berühmtesten Hotels Asiens: Wie ein großes weißes Schiff liegt das Palasthotel aller Palasthotels aus dem 18. Jh. im schimmernden See auf der kleinen Insel Jag Niwas. Zwei Restaurants, Bar, Pool. Mit Marmor- und Spiegelglanz sowie blühenden Gärten ist das Hotel auch eine optimale *film location*. Fährverbindung zum City Palace. *67 Zi., 17 Suiten | Pichola Lake | Tel. 0294/252 88 00 | Fax 252 87 00 | www.tajhotels.com* | €€€

LAKE PICHOLA HOTEL
Sehr schöne Lage direkt am See. Auf einem 120000 m² großen Parkareal, mit Dachterrassenrestaurant und Balkons. *31 Zi. und Suiten | outside Chandpole | Tel. 0294/242 03 87 | www.lakepicholahotel.com* | €€

Insider Tipp
PANORAMA GUEST HOUSE
Haveli in frischen Farben, mit einfachem Roof-Top-Restaurant und schönem Ausblick auf Lake Pichola. Gute Küche, auch Kochkurs im Angebot. Optimales Preis-Leistungs-Verhältnis. *10 Zi. | am Hanuman Ghat, dem Lake-Pichola-Hotel benachbart | Tel. 0294/2431024 | www.panoramaguesthouse.in* | €

THE TIGER
Das Guest House wurde mit alten Hindi-Filmplakaten und vielen Tigermotiven schick ausgestattet. Dazu Spa, Gym, Massagen sowie Restaurantterrasse. *19 Zi. | 33, Gangaur Ghat | Tel. 0294/2420430 | www.thetigerudaipur.com* | €

AUSKUNFT

TOURIST RECEPTION CENTRE
Fateh Memorial | Tel. 0294/241 15 35 (auch am Bahnhof und Flughafen)

ZIELE IN DER UMGEBUNG

DELWARA [116 A3]
Das Dorf liegt inmitten grüner Täler. Wer gerne wandert, findet hier wenig bebaute Straßen zwischen Feldern und trifft freundlich grüßende Landleute. Die 45-Minuten-Fahrt von Udaipur lohnt aber vor allem wegen dem ★ *Palastfort Devi Garh* (Burg der Göttin), einem phantastischen, vielstöckig über dem Dorf thronenden Gemäuer. Devi Garh ist heute ein Bravourstück modernen Designs, das

erste Palasthotel in Rajasthan für Liebhaber elitär-kreativer Ästhetik in historischem Ambiente: mit hellen, weiten Räumen, edlen Materialien und überraschenden Farbakzenten. Feine asiatische und europäische Küche. Viele Extras: Yoga und Spa, Edelpool, Ayurvedamassagen und Fitnesscenter, Reitausflüge und persönliche CD-Player. *23 Suiten und 6 Zelte | Village Delwara/Tehsil Nathdwara | Tel. 02953/28 92 11 | Fax 28 93 57 | www.deviresorts.com | €€€. 28 km nördlich*

Devi Garh: Hinter historischen Mauern verbirgt sich ein modernes Designhotel

EKLINGJI [116 A3]

Hinter unspektakulären Mauern überrascht in Eklingji (8000 Ew.) ein großartiger, marmorweißer Shiva-Tempel mit vielen kleineren Nebentempeln. Schon im 8. Jh. gegründet, wurde das Heiligtum im 15. Jh. erneuert. Besonders schön: ein silberner Nandi-Bulle, silberne Türen und ein Shiva aus schwarzem Marmor *(tgl. 10–13 und 17–19 Uhr | keine Fotoerlaubnis).* Etwa 1 km entfernt am kleinen Bagela-See stehen die *Tempel von Nagda* im Khajuraho-Stil. Ihre Türme sind mit Hunderten von Figuren geschmückt, die oft Tänzerinnen und liebende Paare darstellen. *22 km nördlich*

KUMBHALGARH [116 A3]

Vor bald sechs Jahrhunderten entstand eine der größten Burgen Rajasthans: Kumbhalgarh, geschützt durch sieben Tore und eine 36 km (!) lange Umfassungsmauer. Außer der Burg wurden Hunderte von kleinen Tempeln und Tempelruinen, ein klei-

UDAIP

neres Fort und ein Dorf von der Mauer gesichert. Einige Bauten des aufwendig restaurierten Forts können Sie besichtigen, wie den *Badal Mahal* (Palast in den Wolken) mit Wandmalereien. Im *Zenana* (Frauenpalast) erfreuten Tierfriese mit Elefanten, Kamelen und Krokodilen die Bewohnerinnen. *Tgl. 9–17 Uhr*

Von allen indischen Wildreservaten war das 600 km^2 große *Kumbhalgarh Wild Life Sanctuary* bis vor kurzem das einzige, in dem der indische Wolf Nachwuchs hatte. Im Safarijeep eisern festhalten, die Piste ist sehr holprig! Insider Tipp Eine Wanderung (mit Führer) durch die raue Gebirgslandschaft vom Kumbalgarh nach Ranakpur führt meist bergab und dauert etwa zwei Stunden, nur doppelt so lange wie die Autofahrt – weil die Straße einen sehr weiten Bogen macht. *84 km nördlich*

MOLELA **[116 A3]**

Das Dorf der Keramiker: In rund 40 Häusern wird seit Jahrzehnten Keramik produziert, vom fingerhohen Ganesha-Idol bis zur meterhohen Pferdeskulptur oder dem Tigerrelief, im Naturton oder farbenbunt bemalt. Unglaublich reich an plastischen Details sind manche Relieftafeln, die Götterlegenden darstellen. Ein Führer ist nützlich, weil das Dorf (4000 Ew.) weit gestreut ist und manche Keramiker kaum Englisch sprechen (obwohl Molela auch direkt nach Europa exportiert). *45 km nördlich*

NATHDWARA **[116 A3]**

Nathdwara (20 000 Ew.) ist seit dem 17. Jh. Pilgerziel. Damals brachten Rajputen ein Krishna-Bildnis aus schwarzem Marmor vor dem Mogulkaiser Aurangseb in Sicherheit, doch in Nathdwara wollte der Wagen nicht weiter voran – ein Zeichen, dass dem Bildnis hier der Shrinathji-Tempel gebaut werden sollte. Das Heiligtum mit dem Krishna-Bildnis ist nur Hindus zugänglich, aber es werden Ausnahmen gemacht. Auf dem lebhaften Basar können Sie auf Textilien gemalte Götterbilder *(pichhwais)* erstehen. *48 km nordöstlich*

> JAINISMUS

Tempelpracht und asketisches Leben

In Ranakpur und bei Mount Abu können Sie die berühmten Jain-Tempel mit ihrer Überfülle an Skulpturen und Ornamenten bewundern. Dabei ist der im 6. Jh. begründete Jainismus eine sehr asketische Religion. Der Glaube fordert *ahimsa* (Gewaltlosigkeit), *asteya* (Ehrlichkeit), *brahmacharya* (Keuschheit, Maßhalten) und *apargraha* (innere Unabhängigkeit von materiellen Gütern). Mahatma Gandhi gehörte selbst nicht der Religionsgemeinschaft an, aber er machte sich deren Gebote zu eigen. Oberstes Prinzip ist das Verbot, lebende Wesen zu töten. Die Jains sind daher konsequente Vegetarier. Um auch nicht das kleinste Tier zu töten, fegen viele beim Gehen den Boden vor sich mit einem Besen frei und tragen einen Mundschutz. Die Jains haben großen Einfluss, obwohl ihre Zahl mit wenigen Millionen verhältnismäßig klein ist.

RANAKPUR [116 A3]

Die weißen ★ Jain-Tempel von Ranakpur bezaubern auf den ersten Blick und bei jedem Wiedersehen aufs Neue – wegen ihrer unwiderstehlichen Architektur, aber auch wegen ihrer schönen Lage in einer friedlichen Tallandschaft abseits von größeren Ortschaften.

Der Haupttempel *Adinatha* (auch *Chaumukha* genannt) wurde als erster in der zweiten Hälfte des 15. Jhs. mehrstöckig über einer Terrasse mit großzügiger Freitreppe erbaut und dem ersten Furtbereiter der Jains geweiht. 1444 Säulen tragen die Decken der 29 Hallen, Türme und Kuppeln. Jede dieser Säulen ist mit reichem Steinschnitzwerk wie mit einer marmornen Stickerei geschmückt, und jede sieht anders aus. Zwei kleinere Tempel sowie ein Pilgerzentrum befinden sich in der Nähe, der sternförmige *Surya Narayana* (Sonnengotttempel) steht etwas abseits. Achtung: Die Jain-Heiligen dürfen nicht fotografiert werden!

Jede der 1444 Säulen ist ein Kunstwerk für sich: Adinatha-Tempel von Ranakpur

Von Udaipur werden eintägige Busexkursionen nach Ranakpur angeboten. Wer mehr Zeit hat, kann sich im wenige Kilometer entfernten Heritage-Bungalowhotel *Maharani Bagh Orchard Retreat* (Insider Tipp) *(18 Zi. | Ranakpur Road, Sadri, District Pali | Tel. 02934/28 51 05 | Fax 28 51 51 | €€)* in naturnaher Parklandschaft einquartieren. Es bietet ein Freiluftrestaurant (auch für Nicht-Hotelgäste), Pool, guten Service und eine überdachte Terrasse. *85 km nördlich*

> BILDERLAND UND MEGASTADT

Tour durch die farbenfrohe Shekawati-Wüstenregion und ein Tag in Delhi, der grünsten Metropole Indiens

Die Touren sind auf dem hinteren Umschlag und im Reiseatlas grün markiert

1 SHEKAWATI-TOUR ZU DEN „GEMALTEN STÄDTEN"

Diese Rundfahrt zwischen Jhunjhunu und Churu führt Sie rund 100 km nördlich von Jaipur in eine ländliche, teils auch wüstenhafte Region mit Hunderten bunt bemalten Havelis. Die Gesamtstrecke beträgt etwa 220 km, mit Rückkehr nach Jhunjhunu 260 km auf oft schlaglochgeschädigten, aber verkehrsarmen Straßen. In vielen Orten finden Sie Unterkunft – oder Sie kehren abends zum zentral gelegenen Mandawa zurück.

Abseits der touristischen Hauptrouten findet man sich plötzlich in sandüberwehten Städten, mit Hauswänden voller farbenfroher Bilder: Tänzerinnen und Götter, altmodische Eisenbahnen und phantastische Fluggeräte wurden in der Shekawati-Region an längst aufgegebenen Karawanenwegen in teils professioneller, teils naiver Exaktheit an Fassaden

Bild: Haveli in Mandawa

AUSFLÜGE & TOUREN

gemalt. Reiche Marwarikaufleute hatten die Wandbilder in Auftrag gegeben, doch sie sind längst abgewandert. Inzwischen ist die Shekawati-Region sehr verarmt, die Wandbilder sind akut vom Verfall bedroht. Auch die Dorffrauen bemalen ihre Lehmhäuser in leichthändigem Stil, erneuern aber die Dekoration ständig.

Jhunjhunu (20 000 Ew.) ist lange der Hauptort im Shekawati-Land gewesen, darum gibt es viele stattliche Havelis und Rajputen-Gedenkpavillons *(chhatris)*. Besonders sehenswert ist das *Khetri Mahal* (um 1770) mit einer Rampe im Innern für Reiter zum Oberstock. Weiter geht es über **Mandawa** *(S. 67)* und **Mukundgarh** mit seinem zum Hotel umgebauten Fort und mehreren bilderreichen Tempeln nach **Dundlod**, wo die spezifisch rajasthanische Marwari-Pferderasse wieder gezüchtet wird. Auch in Dundlod wurde das Fort zum Hotel umgebaut. In **Nawalgarh** *(S. 69)* bringen es manche Havelis auf vier, andere sogar auf acht Innenhöfe. **Sikar** im Shekawati-Süden lohnt den Besuch wegen seiner zwei Dutzend Tempel, Havelis und Stufenbrunnen.

Wieder weiter nördlich wird die Landschaft dürrer und sandiger. Die Dorfbewohner leben in strohgedeckten Rundhütten. Auf dem Weg nach **Churu** liegen **Lachhmangarh** mit seinem Hügelfort und dem prächtigen Doppelhaveli *Char Chowk* sowie **Fatehpur** mit dem berühmten Stufenbrunnen von 1614 und mehreren schön bemalten Havelis. In **Churu** sind noch einmal Wände voller Bilder zu entdecken. Churu gehörte seit dem frühen 19. Jh. zu **Bikaner** *(S. 50)* – die Reise kann dorthin weitergehen oder zurück nach Mandawa, Jhunjhunu und nach New Delhi.

Jama Masjid in Delhi: 40 m hohes Minarett

2 EIN TAG IN NEW DELHI UND OLD DELHI

Sie sind vielleicht zum ersten Mal in Delhi, werden am nächsten Tag weiterreisen und wollen doch etwas sehen von dieser 13-Mio.-Stadt am Rand der Ganges-Ebene? Delhi ist die grünste der größten Metropolen Indiens. Ihre breiten Alleen, Rasenflächen und Parkanlagen verdankt sie zum Großteil den britischen Kolonialherren, die 1911 New Delhi als die eigens erbaute neue Hauptstadt ihres Kaiserreichs Indien bezogen. Lassen Sie sich von Ihrem Hotel ein Taxi samt Fahrer mit Fremdenführerqualitäten bestellen.

Beginnen Sie dort, von wo aus die Milliardennation regiert wird: an der großen Achse namens **Raj Path**, die vom India Gate auf das **Rashtrapati Bhavan** zuläuft. Dieser markante Rundbau, vom Architekten des „britischen Delhi“ Edwin Lutyens als Residenz des Vizekönigs entworfen, ist heute Sitz des Staatspräsidenten. Das 41 m hohe **India Gate**, vom Pariser Arc de Triomphe inspiriert, erinnert an die 71 000 indischen Soldaten, die im Ersten Weltkrieg fielen.

Schön sind die frischen Morgenstunden in den Alleen der Villen und diplomatischen Residenzen zwischen **Raj Path** und **Kasturba Gandhi Marg**. Lassen Sie sich dort etwas herumfahren, bevor Sie um den **Connaught Place** das Zentrum der Banken, Geschäfte, Fluglinien und Restaurants erleben. Hochhäuser in Glas und Stahl sind

Insider Tipp

hier seit den 1990er-Jahren wie Pilze aus dem Boden geschossen. Auch shoppen können Sie hier gut. Um 10 Uhr öffnen die Läden. Oder wollen Sie gleich weiter zum **Raj Ghat**, nicht weit vom Ufer der Yamuna, zur Gedächtnisstätte für die Wegbereiter und Führer des modernen Indiens? Neun Marmorquader kennzeichnen die Stelle, an der Gandhis Leichnam verbrannt wurde.

Nächstes Ziel ist das **Red Fort (Lal Qila)**, die Residenz der Mogulkaiser. Vom Orientzauber des Red Fort ist bei den Raubzügen der Perser und der Marathenfürsten aus dem Süden viel verloren gegangen, doch sind die Restauratoren in jüngster Zeit wieder aktiv. Wenn Sie die breite Avenue überquert haben, ist die **Jama Masjid** ganz nahe. Wie die Halle aus schwarzem und weißem Marmor lohnt auch das 40 m hohe ⁂ Minarett den Aufstieg. Unten erstreckt sich um **Chandni Chowk**, die Hauptstraße des Basars, das Gassengewimmel und -gedränge von Old Delhi – ein sinnliches Erlebnis. In den **Lodi-Gärten** südlich vom India Gate können Sie dann Erfrischungen unter Bäumen zu sich nehmen. Falls Ihnen der Sinn nach Kunsthandwerk, Textilien und Schmuck steht, sollten Sie die **Emporen der indischen Bundesstaaten** am **Baba Kharak Marg** südlich vom Connaught Place aufsuchen *(bis 18 Uhr geöffnet)*. Länger bleiben die Spezialitätenläden der kleinen Straßen um den **Khan Market** zwischen den Lodi-Gärten und dem India Gate offen.

EIN TAG IN JAIPUR

Action pur und einmalige Erlebnisse.
Gehen Sie auf Tour mit unserem Szene-Scout

GESUNDER START

6:00

Raus aus den Federn, und ab in den Park! Hatha Yoga bringt Körper und Geist in Einklang und gibt Kraft für einen ereignisreichen Tag! **WO?** *Madhavanand Girls College | C 19, Behari Marg | Bani Park*

INDISCHES FRÜHSTÜCK

7:30

Im *Jai Shankar Pavitra Bhijnalaya* gibt's die typischen Frühstücksleckerbissen *aloo paratha, idlis* und *sambal*. Einfach die Kartoffel- und Teigvariationen mit dem fruchtig-scharfen Dip bestreichen, und so richtig schlemmen. Lecker und typisch Indien! **WO?** *12, Sindhi Camp Bus Stand | Station Road*

LET'S DANCE

9:00

Genug relaxt! Beim Tanzworkshop von Manisha Gulyani heißt es jetzt Körperspannung beweisen. *Kathak* ist der klassische indische Ausdruckstanz, bei dem durch Mimik und Bewegung Geschichten erzählt werden. Das Highlight vieler Bollywood-Produktionen! **WO?** *Focus Performing Arts Society | 119/52, Agarwal Farm | Anmeldung unter Tel. 141/239 73 46 | Kosten 20 Euro/2 Std. pro Person | www.manishagulyani.in*

LUNCHTIME

12:00

Hunger? Am Büfett türmen sich feine internationale und indische Spezialitäten. Wie wär's dazu mit einem Gläschen Wein aus dem Regal in der angrenzenden Hausbar? Tipp: Liebevolle Details und viel Grün sorgen im Innenhof des *Samode Palace* für eine entspannte Atmosphäre. **WO?** *Samode Palace | Samode | www.samode.com*

24 h

SCHAUKELSTUNDE

15:00

Auf zum Kamelreiten. Erst einmal mit den riesigen Tieren Freundschaft schließen und dann aufsteigen. Im Wiegeschritt geht es durch die Ökostadt *Chokhi Dhani,* und vom Rücken eines Kamels eröffnen sich völlig neue Perspektiven. **WO?** *Tonk Road | Kosten: ab ca. 5 Euro | www.chokhidhani.com*

16:00

KUNSTVOLL

Bitte Arme und Hände freimachen. Mit Henna werden feine Linien und kunstvolle Ornamente aufgemalt. Die Kunstwerke halten bis zu drei Wochen. Tipp für Männer: Ein selbst entworfenes Hennatattoo am Oberarm ist der Hingucker. **WO?** *Archana's Beauty Centre | A-57, Pani Pech | Nehru Nagar, Katol | Tel. 141/230 32 30*

BOLLYWOOD LIVE

18:30

Film ab! Tagsüber erinnert das berühmte *Raj Mandir Cinema* an eine rosa Sahnetorte, doch nachts erstrahlt es in grünem, leicht schummrigen Licht – Kitsch pur! Der perfekte Ort also, um sich einen Bollywood-Schinken im Original anzuschauen. Tipp: Mit dem Diamond Ticket bekommt man Zugang zur Lounge auf der Galerie plus eigenem Imbiss. Eine leckere Stärkung wie Linsen *(dal),* und los geht's! **WO?** *B-16, Bhagwan Das Road, C-Scheme | Tel. 141/237 93 72 | Kosten ab 1 Euro*

21:30

ABSACKER

Casual Chic heißt das Motto im *Sheesh Mahal.* Viele kleine Spiegelmosaike verzieren die Wände der exklusiven Bar. An der Theke einen erfrischenden Cocktail bestellen und den Blick auf den Pool genießen. So klingt der Tag perfekt aus. **WO?** *Sheraton Rajputana Palace Hotel | Palace Road | Tel. 141/510 01 00 | www.starwoodhotels.com*

> AUF SAFARI BEI DEN RAJPUTEN

Ob auf dem Pferderücken, dem Kamelhöcker, zu Fuß oder mit dem Fahrrad: Erkunden Sie Rajasthan mit eigener Kraft!

> Paragliding über der Wüste oder mit dem Ballon übers Aravalligebirge? Alles machbar in Rajasthan.

Preisgünstig sind Safaris. Oder Sie wandern, fahren Rad oder reiten. Aktuelle Auskünfte über Einrichtungen und Anbieter erhalten Sie bei den örtlichen Tourist Offices.

FAHRRADTOUREN

Wenn Sie am Landleben interessiert sind, Dörfer oder landschaftlich schöne Orte abseits der Verkehrsstraßen besuchen wollen, ist eine Fahrradtour empfehlenswert. Radfahrer finden hier die unterschiedlichsten Bedingungen – von weiten Ebenen bis Gebirgsstrecken. Im März ist es vielen Europäern zum Radeln schon zu heiß, auch die Regenzeit fällt aus, weil häufig unasphaltierte Wege befahren werden. Oft veranstalten kleinere Hotels gemeinsame Ausflüge, Räder können geliehen werden. Von

Bild: Jeepsafari

SPORT & AKTIVITÄTEN

Jaipur und Jodhpur aus werden mehrtägige Touren mit Gepäckbeförderung angeboten. *Jaipur: Government of India Tourist Office | Hotel Khasa Koti | Tel. 0141/511 59 35 | Jodhpur: Tourist Reception Centre | Hotel Ghoomar Campus | High Court Road | Tel. 0291/254 50 83*

GOLF

Luxushotels bieten in der Regel zumindest eine *driving range*. Hochkomfortabel: Einen noblen Golfkurs bietet der *Rambagh Palace* in Jaipur *(Bhawani Singh Road)*. Geöffnet ist der 18-Loch-Kurs von 6–18.30 Uhr *(www.rambaghgolfclub.com)*.

JEEPSAFARIS

Nicht zu verwechseln mit den üblichen Mietwagenfahrten! In einem offenen Jeep – manchmal ohne Windschutzscheibe – auf schmalen Straßen und Sandwegen erleben Sie

Rajasthan hautnah, ob durch Wüste oder durch Buschwald. Sie können die Safaris in Hotels, bei Reiseagenturen vor Ort und in den Tourist Offices buchen. Kopfbedeckung, warme Kleidung, staubdichte Tasche für die Kamera, eventuell Schutzbrille sollten Sie mitnehmen.

KAMELSAFARIS

Kamelsafaris sind ein spezielles Vergnügen, wenn sie mit der Erkundung der Wüste verbunden sind, also mit einem mehrtägigen Ausflug inklusive Übernachtung im Zelt, Lagerfeuer und Besuch in Wüstendörfern. Kopf, Schultern, Arme und Oberschenkel müssen unbedingt bedeckt sein, der Sonnenbrand wird sonst höllisch. Nachts kann es sehr kalt werden, also Wollpullover und Decken nicht vergessen.

Ausgangsorte sind Jaisalmer *(Aravalli-Safari | nahe Patwon-ki-Haveli | Tel. 02992/25 26 32)* und Bikaner Insider Tipp *(Rajasthan Safaris & Treks | Tel. 0151/252 55 94 | Fax 220 80 92 | birendra@realbikaner.com | pro Tag ca. 12–40 Euro pro Person).*

KRICKET

Beliebt in ganz Indien ist Kricket, ein Ballspiel mit komplizierten Regeln, das meist nur die verstehen, die in der britischen Kultur aufgewachsen sind. Nationale Meisterschaften werden mit Leidenschaft verfolgt, ein Spiel kann viele Stunden dauern. Allerorten sieht man kleine Jungen im Staub der Dorfstraßen mit selbst gebastelten Kricketschlägern aus rohem Holz üben. Kricketstadien gibt es in vielen größeren Städten. *Auskünfte über www.cricket.org*

POLO

Für Touristen und für die meisten Inder ein Zuschauersport. Polo ist ein hockeyähnliches Reiterspiel, das aus Indien stammt und von den Briten und dem indischen Maharaja-Adel gepflegt wurde. Die Pferde dazu müssen klein, stämmig und wendig sein. Poloponys wurden extra gezüchtet, und ihre Haltung ist aufwendig, daher gehören die Sportler meist wohlhabenden Kreisen an. Das Spiel ist schnell, dramatisch und spannend. In Rajasthan gibt es Polo-Grounds in Jaipur, Jodhpur und Udaipur. Fragen Sie nach den Veranstaltungen an der Hotelrezeption, beim Tourist Office oder bei Reiseleitern.

Als weltweit einmalige exotische Rarität wird an einigen Orten Kamelpolo und sogar Elefantenpolo gezeigt – besonders an speziellen Festtagen (Kamelpolo etwa beim *Desert Festival Jaisalmer,* Elefantenpolo beim *Elefantenfestival Jaipur*). Die Regeln werden auf die Bewegungseigenheiten der Tiere abgestimmt und sind seltsam und amüsant anzusehen. Schließlich können Sie vielleicht das vor 40 Jahren erfundene Bicycle-Polo beobachten, dessen metallverbiegende Intensität besonders in der Shekawati-Region zu erleben ist.

REITERSAFARIS

Für Reit- und Pferdefans ist Rajasthan ein Traumland. Die Rajputen sind als exzellente Pferdezüchter bekannt. Wundervolle Safaris sind in den Aravallis nahe Udaipur möglich, durch Wald- und Buschtäler, von Fort zu Fort. Viele Heritage-Hotels der Gegend organisieren oder vermitteln die Ausflüge. Eine andere beliebte Reitersafari-Gegend sind die Shekawati-Orte. Empfehlenswert: Insider Tipp *Rohet Garh Heritage Hotel, 50 km südlich von Jodhpur (pro Tag inkl. Lunch ca. 60 Euro | Tel. 02936/268231)* und *Roop Niwas Palace, Nawalgarh (Tel. 01594/22 20 08).* Reiter können in Rajasthan auch gut einkaufen: Hier bekommen sie die

Rast in der Wüste: Von Bikaner oder Jaisalmer aus starten viele Kamelsafaris

berühmten Jodhpur-Breeches (Reiterhosen) und anderes Zubehör.

TREKKING

Schönste Wandergebiete sind die Aravallihügel um Kumbalgarh und Chittorgarh. Wer ohne Führer geht, wird nicht leicht Wege abseits der Straßen finden, es fehlt auch an Kartenmaterial. Wasser und Kompass mitnehmen, man kann seinen eigenen Weg suchen. Übernachten in der freien Landschaft ist erlaubt, es finden sich aber auch Unterkünfte. Über Tageswanderungen geben Hotels und Tourist Offices Auskunft.

YOGA

Yoga soll zu spiritueller Erfahrung führen, doch wird es selbst in Indien von vielen als körperliche Übung verstanden, die weit besser als andere Gymnastik die Gesundheit fördert und so lange wie möglich erhält. Der asketische achtfache Heilsweg ist natürlich nicht in kurzer Zeit zu beschreiten, also stehen für Touristen bei lokalen Yogazentren und in einigen Hotels Atemübungen und einfache *asanas* (Körperhaltungen) im Vordergrund.

BESUCH IM MÄRCHENLAND

In einer fremden Kultur wie Rajasthan brauchen Eltern viel Einfühlungsvermögen

> Goldgeschmückte Elefanten, sich beim Laufen wiegende Kamele, mächtige Burggemäuer, bunte Tücher und Turbane, Trommeln und Flöten ... Gerade Kinder werden sich, so sie über das Kleinkindalter hinaus sind, für Rajasthan begeistern. Und wie werden sie willkommen geheißen, verwöhnt – und ihre Eltern mit ihnen! Aber: Soll man überhaupt Kinder nach Indien mitnehmen?

Die Reisezeit ist wichtig. Zwischen Mitte März und Oktober, in der Phase trockener Hitze bis 45 Grad, und in der sehr heißen und feuchten Zeit des Monsuns ist der Aufenthalt für Kinder sehr anstrengend und ungesund. Besser sind – das gilt auch für Erwachsene – die Monate November bis Februar, auch wenn man dann jeden Tag mit heftigen Temperaturunterschieden rechnen muss.

Vor der Reise sind Impfungen gegen Tetanus, Diphtherie, Polio (auch Wiederholungen) und asiatische Hirnhautentzündung wichtig. Moskito-Repellents sollten täglich eingerieben werden, morgens und abends sind langärmelige Blusen und Hosen empfehlenswert. Kinderhaut verträgt keine starke Sonnenbestrahlung ohne Sonnenschutzmittel. Der Kopf sollte immer bedeckt sein. Persönliche Sauberkeit (Händewaschen vor jedem Essen) ist hier noch wichtiger als zu Hause. Kinder müssen sehr viel trinken, Wasser aber nur aus originalverschlossenen Flaschen. Für alle Fälle ist es ratsam, nicht in zu abgelegene Gegenden zu fahren, sodass Sie notfalls schnell ärztliche Hilfe bekommen.

Hotels mit Kinderbetreuung sind selten, manche haben Spielplätze. Die Freizeitparks mit Rutschen, Bootfahren und Karussells (z.B. bei Jaipur und Bikaner) sind vielleicht für kleinere Kinder attraktiv, die größeren werden sie dürftig finden. Wenn sie sich vor Gedränge nicht scheuen, sind die farbigen Feste und Basare ein Abenteuer für Kinder.

JAIPUR UND DER OSTEN

CHOKHI DHANI [115 D6] Insider Tipp

19 km südlich von Jaipur entstand dieses dekorativ nachgebaute Dorf –

mit Kunsthandwerkern, Tänzern und Zauberern, einem Labyrinth sowie einem Restaurant. Das Eintrittsgeld beträgt 350 Rupien (ca. 6 Euro). www.chokhidhani.com

CITY PALACE [115 D6]

In Jaipurs Stadtpalast können sich größere Kinder für die mächtigen Silbergefäße für den Ganges-Wasser-Vorrat des Maharajas, die historischen Waffen und die Prachtgewänder begeistern. *Tgl. 9.30–17 Uhr*

JODPHUR, DER WESTEN & DER NORDEN

SAM SAND DUNES [112 B3]

Wer nach Rajasthan reist, will auch die Wüste erleben, am besten ganz cool im Sattel eines Wüstenschiffs namens Kamel. Das ist nichts für die ganz Kleinen, aber mit einem sportlichen Sechsjährigen können Sie schon auf eine halbstündige Safari gehen – zu zweit auf einem Kamel (der Führer geht nebenher). 42 km westlich von Jaisalmer sind die Sam Sand Dunes ein geeignetes Gelände für einen Testritt. *Preis für 30 Min. (mit Kamelführer): etwa 2 Euro*

UDAIPUR, DER SÜDEN UND SÜDOSTEN

MOUNT ABU [113 D6]

Für Wander- und Naturfreunde: In Mount Abu im Hochland Süd-Rajasthans gibt es nicht nur den *Nakki Lake* mit Ruder- und Motorbooten, sondern auch ein *Wildlife Sanctuary,* in dem 17 *nature trails* zur Wahl stehen. Die nicht zu steilen Wege führen durch schöne Landschaft und sind für Kinder ab 4 Jahren geeignet. Fernglas mitnehmen und einen Führer, der die besten Plätze zur Vogelbeobachtung kennt! Zum *Sunset Point*, einer Felslandschaft mit weitem Ausblick, können Sie auch zu Pferd kommen oder sich in einem vierrädrigen Bollerwagen ziehen lassen. Führer für Exkursionen vermittelt das *Tourist Reception Center (gegenüber dem Busplatz im Zentrum | Tel. 02974/235151 | halbtägige Führung ca. 7–8 Euro).*

> VON ANREISE BIS ZOLL

Urlaub von Anfang bis Ende: die wichtigsten Adressen und Informationen für Ihre Rajasthanreise

ANREISE

FLUGZEUG

Direktflüge von Deutschland landen in Mumbai (Bombay) oder New Delhi nach einer Flugzeit von etwa 7,5 Stunden. Günstige Angebote liegen zwischen 700 und 900 Euro in der Hochsaison im Winter, egal ob für Direktflüge oder Linienflüge, die einen Zwischenstopp am Arabischen Golf einlegen. Vergessen Sie nicht die Bestätigung Ihres Tickets 72 Stunden vor dem Rückflug! Wegen längerer Sicherheitskontrollen wird das Einchecken am Flughafen drei Stunden vor der Abflugzeit erwartet. Falls Sie in Rajasthan weiterfliegen: Jaipur, Jodhpur, Udaipur und Kota sind durch Linienflüge mit Delhi und meist auch mit Mumbai verbunden. Es gibt außer den Indian Airlines empfehlenswerte private Linien – wie *Jet Airways* und *Kingfisher Airlines (www.flykingfisher.com)*. Frühbucher fliegen oft sehr preisgünstig.

AUSKUNFT

INDISCHES FREMDENVERKEHRSAMT/ INDIA TOURISM

Baseler Str. 46 | 60329 Frankfurt | Tel. 069/242 94 90 | Fax 24 29 49 77 | www.india-tourism.com

BAHN

Verbindungen und Fahrzeiten erfahren Sie aus der Broschüre „Trains at

PRAKTISCHE HINWEISE

a Glance" (an Zeitungskiosken am Bahnhof) oder auf der Website von Indian Railways *(www.indianrail.gov.in)*. Auf dem Bahnhof müssen Sie sich durchfragen, denn es gibt verschiedene Schalter für die 1., 2. und 3. Zugklasse, oft auch einen Extraschalter für Touristen, manchmal sogra einen speziell für Frauen *(Ladies Ticket Office)*. Platzreservierungen bekommen Sie im speziellen *Reservation Office,* nachdem Sie Ihre Fahrkarte gekauft haben. Wenn angeblich alles ausgebucht ist, gibt es durchaus noch die Chance, über die Vipquote oder die Touristenquote einen Platz zu bekommen. Reservieren ist für viele Zugklassen und Fernzüge Pflicht. Der *Indrail Pass* erleichtert die Reservierungen, bietet aber preislich meistens keinen Vorteil. Er ist in US-Dollar zu bezahlen und auch in Europa erhältlich (Reisebüros).

BANKEN & KREDITKARTEN

Da die Rupie weder ein- noch ausgeführt werden darf, sind Devisen unerlässlich. US-Dollar und Euro werden bevorzugt. Beträge im Wert von mehr als 10000 US-Dollar müssen bei der Einreise deklariert werden (wegen Rücktausch). Nehmen Sie genug Geld oder Kreditkarten (Visa, Mastercard, American Express) mit, Geldüberweisungen aus dem Ausland sind umständlich, teuer und dauern sehr lange.

Geldwechseln dauert in großen Hotels nicht so lange wie in Banken, doch achten Sie auf den Kurs, und erkundigen Sie sich, ob eine Provision abgezogen wird. Akzeptieren Sie keine angerissenen Scheine, und vergewissern Sie sich vor der Reise, dass Ihre Euro- oder Dollarscheine keine eingerissenen Kanten haben – die Annahme wird sonst verweigert. Nur wenige Banken wechseln Geld per Kreditkarte. Geldautomaten werden langsam üblich. Sie akzeptieren teilweise noch keine europäischen Karten.

BUSSE

Sie sind rasende, laute Landstraßenmonster – aber als Fahrgast bekommen Sie das volle indische Leben für wenig Geld. Einen *bus stand* gibt es in jeder größeren Ansiedlung. Tickets beim Busbahnhof oder Fahrer.

DIPLOMATISCHE VERTRETUNGEN

INDISCHE BOTSCHAFT IN DEUTSCHLAND
Tiergartenstr. 17 | D-10785 Berlin | Tel. 030/25 79 50 | Fax 25 79 51 02 | www.indianembassy.de

INDISCHE BOTSCHAFT IN ÖSTERREICH
Kärntnerring 2 | A-1010 Wien | Tel. 01/50 58 66 60 | Fax 505 92 19

INDISCHE BOTSCHAFT IN DER SCHWEIZ
Kirchfeldstr. 28 | CH-3005 Bern-6 | Tel. 031/351 11 10 | Fax 351 15 57

DEUTSCHE BOTSCHAFT IN INDIEN
No. 6/50 G Shantipath | Chanakyapuri | New Delhi 110021 | Tel. 011/44199199 | Fax 26 87 31 17

ÖSTERREICHISCHE BOTSCHAFT IN INDIEN
Ep-13 Chandragupta Marg | Chanakyapuri | New Delhi 110021 | Tel. 011/24 19 27 00 | Fax 26 88 69 29

SCHWEIZER BOTSCHAFT IN INDIEN
Nyaya Marg | Chanakyapuri | New Delhi 110021 | Tel. 011/26 87 83 72 | Fax 26 87 30 93

EIN- & AUSREISE

Ein Touristenvisum ist unerlässlich. Es gilt ein halbes oder ein ganzes Jahr. Visa-Anträge können – je nach Wohnort – bei Büros in Berlin, München, Hamburg, Frankfurt/Main und Köln gestellt werden. Die Adressen und die Zuständigkeit der Büros sind auf *www.indianembassy.de* angegeben (über diese Website kann auch das Visaformular heruntergeladen werden). Dem Antrag müssen der mindestens noch ein Jahr gültige Reisepass sowie zwei Passfotos beigefügt sein.

> WAS KOSTET WIE VIEL?

> **KAMELSAFARI**	**AB 100 EURO** für eine dreitägige Tour inkl. Verpflegung
> **WASSER**	**CA. 25 CENT** für eine Flasche
> **BIER**	**CA. 1,50 EURO** für eine Flasche (0,7 l)
> **HÜHNCHEN**	**CA. 3 EURO** im Restaurant
> **TAXI**	**70 CENT–1,10 EURO** für 3 km
> **REITERSAFARI**	**AB 60 EURO** für eine Tagestour

EINTRITTSPREISE

Besucher aus dem Ausland zahlen in bedeutenden Museen und archäologischen Stätten Preise, die dem internationalen Standard annähernd entsprechen. Für Inder wäre der Eintritt meist unerschwinglich – für sie gelten daher ermäßigte Tarife. Die Eintrittspreise liegen in der Regel zwischen 3 und 6 Euro, in Ausnahmefällen auch deutlich mehr.

GESUNDHEIT

Impfungen sind nicht obligatorisch, werden aber empfohlen gegen Hepatitis B, Typhus, asiatische Hirnhautentzündung (Japan-Enzephalitis), nach entsprechender Epidemiewarnung auch gegen Cholera. Gegen Polio und Tetanus sollten Sie ohnehin immer geimpft sein. Wahrend der heiß-feuchten Monsunzeit ist dringend Malariaprophylaxe anzuraten. Dann reichen Moskitonetz und Einreibemittel *(repellent)* – in Indien hat sich die Marke *Odomos* bewährt – nicht mehr.

Gegen Sonnenstich ist stets eine Kopfbedeckung zu tragen, bei Wüstenausflügen sollten Sie unbedingt die Haut an Nacken, Beinen und Armen bedecken. Zur Reiseapotheke: Nehmen Sie Mittel zur Desinfektion kleiner Wunden, gegen Insektenstiche, Sonnenbrand, einfache Erkältungen und Magen-Darm-Störungen mit. In abgelegenen Gegenden ist eine steril verpackte Einwegspritze manchmal nützlich. Adressen von Ärzten, auch von Englisch sprechenden, vermitteln die besseren Hotels, selbst wenn Sie dort nicht wohnen. Falls Sie in eine Privatklinik gehen wollen, sollten Sie eine Reisekrankenversicherung abschließen. Besonders in den ersten Reisetagen ist Vorsicht beim Essen und Trinken geboten. Sie sollten nur in guten, sauberen Restaurants essen, und zwar eher wenig. Nehmen Sie Salziges gegen den Mineralverlust zu sich! Dazu viel trinken (z. B. Mineralwasser aus originalverschlossenen Flaschen, auch zum Zähneputzen!) und Alkohol meiden. Nach einigen Tagen Eingewöhnung ist auch geschältes rohes Gemüse und Obst verträglich.

HOTELS & UNTERKÜNFTE

Die großen Hotelketten haben in letzter Zeit an vielen Orten komfortable Mittelklassehotels eröffnet. Es gibt auch immer mehr kleine, familiäre Stadthotels. Bei ihnen und bei Billighotels sollten Sie allerdings nur nach Augenschein buchen. Empfehlenswert sind in den großen Städten die Privatquartiere für *paying guests,* die Einblicke ins indische Alltagsleben geben (Vermittlung in den Tourist Offices). Bei den hochpreisigen Hotels wird eine Luxussteuer von 20 bis 25 Prozent fällig.

INTERNET

www.india-tourism.com offizielle Website Indiens mit zahlreichen Links zu Bundesstaaten wie Rajasthan

www.rajasthantourism.gov.in offizielle Tourismus-Website zu Rajasthan mit vielen Infos von Wildlife bis Sicherheit, von Safaris bis zu Heritage-Hotels – und mit dem Festkalender bis ins Jahr 2016

www.rajasthan.gov.in Regierungswebsite über Bodenschätze, Politik- und Wirtschaftsstrukturen Rajasthans

www.rajforest.nic.in über Wald- und Baumarten, Walderhaltung und mehr

www.suedasieninfo fundierte Berichte zu Politik und Gesellschaft

www.rajasthandiary.com seriöse Tourangebote

www.adventurecamels.com Safaris auch in abgelegene Wüstenregionen

WÄHRUNGSRECHNER

€	INR	INR	€
1	63,05	1	0,02
2	126,10	10	0,16
5	315,26	15	0,24
15	945,78	75	1,19
30	1891,57	125	1,98
50	3152,61	200	3,16
75	4728,91	500	7,91
125	7881,52	800	12,66
200	12610,40	950	15,03

www.comtour.de deutscher Indienspezialist für Gruppen- und Individualreisen

www.umaidsafaris.com Wüstentouren und Dorfbesuche

www.heritagehotels.com, *www.heritagehotelsofindia.com* Hotelbuchungen für ganz Indien

www.hotels-in-rajasthan.com Hotelbuchungen in Rajasthan

INTERNETCAFÉS & WLAN

Internetcafés gibt es in den meisten städtischen Orten, oft in Nebengassen. Fragen Sie nach, denn sie wechseln häufig die Adresse. Sie sind preiswert, doch oft leistungsschwach: Stromausfälle, langsame Rechner, unbequeme Einrichtung. Große Hotels oder Reiseagenturen bieten komfortables Surfen, allerdings zu stolzen Preisen. In den größeren Hotels ist die WLAN-Nutzung sehr teuer (ca. 5 Euro für 30 Min.). In den Internetcafés wird WLAN selten angeboten und ist dann oft sehr unzuverlässig.

KLEIDUNG

Sie sollten leichte Kleidung aus Baumwolle für heiße Tage und warme Wollkleidung (wie bei uns im Spätherbst) für Dezember bis Februar mitnehmen. Auch für Nächte in der Wüste und in höheren Lagen sind warme Sachen empfehlenswert.

KLIMA & REISEZEIT

Hochsaison für westliche Touristen ist die Zeit von Ende Oktober bis März. Dabei kann es in Rajasthan von Dezember bis Anfang Februar nachts richtig kalt werden, nahe 0 Grad. Ab Mitte Februar wird es tagsüber plötzlich heiß, schon im März sucht man tiefen Schatten. Glühend heiß bis zu 49 Grad wird es von April an. Der Monsunregen kommt dann heiß ersehnt gegen Ende Juni. Wenn er ausgiebig ist, hält sich bis in den Oktober hinein feucht-heißes Wetter. Am hoch gelegenen Ort Mount Abu ist es immer deutlich kühler als im übrigen Rajasthan.

MIETWAGEN

Der indische Verkehr überfordert in der Regel europäische Autofahrer. Verlässliche indische Agenturen bieten gute Leistung zu sehr günstigen Preisen, auf dem Land ab 15 Euro, in Großstädten ab 50 Euro pro Tag und 200 km, Chauffeur inklusive. Vergleichen lohnt sich: Günstigere Angebote sind möglich. Vergewissern Sie sich, dass der Fahrer etwas Englisch spricht. Empfehlenswerter Rajasthan-Spezialist in New Delhi: *Metropole Tourist Service | Mietwagen und Tourenplanung | 244, Defence Colony Flyover Market | Tel. 011/*

WETTER IN RAJASTHAN

	Jan.	Feb.	März	April	Mai	Juni	Juli	Aug.	Sept.	Okt.	Nov.	Dez.
Tagestemperaturen in °C	25	28	33	38	42	40	37	34	35	35	32	27
Nachttemperaturen in °C	10	12	17	22	26	28	27	25	24	19	14	11
Sonnenschein Std./Tag	9	9	9	10	11	10	7	6	8	10	9	9
Niederschlag Tage/Monat	1	1	1	1	1	2	6	6	4	1	1	1

PRAKTISCHE HINWEISE

24 31 03 13 und 24 31 22 12 | Fax 24 31 18 19 | www.metrovista.co.in

ÖFFNUNGSZEITEN

Tempel, Museen und Geschäfte werden zwischen 8 und 10 Uhr geöffnet. Die Mittagspause beginnt zwischen 12 und 13 Uhr und dauert oft bis ca. 17 Uhr. Museen öffnen manchmal schon um 13 oder 14 Uhr wieder. Tempel schließen meist bei Sonnenuntergang, viele Läden erst gegen 20 Uhr. Es ist nicht unüblich, dass Restaurants von morgens bis in die Nacht geöffnet sind.

POST

Öffnungszeiten der Postämter: *Mo bis Fr 10–17, Sa 10–13 Uhr*

TAXI

Neben dem Pkw-Taxi ist in Indiens Städten die billigere dreirädrige Autorikscha *(threewheeler,* pro km etwa 6 Cent) unentbehrlich. Handeln Sie den Preis vor dem Einsteigen aus, falls kein Taxameter läuft. Und setzen Sie Versuchen, Ihnen unglaublich preiswerte Einkaufsgelegenheiten zu zeigen, entschiedenen Widerstand entgegen.

TELEFON & HANDY

Telefonieren können Sie am preisgünstigsten von den zahlreichen privaten Telefonläden aus (POC-STD-ISD), die es auch in Dörfern gibt. Vorwahl von Indien nach Deutschland: 0049, nach Österreich 0043, Schweiz 0041. Vorwahl nach Indien: 0091. Achtung: Indische Telefonnummern ändern sich ständig. In Europa übliche Handys funktionieren im Prinzip, das Telefonieren ist aber sehr teuer. Prepaid-SIM-Karten für Ihr Handy kaufen Sie am besten in den großen Städten.

TRINKGELDER

Viele Angestellte sind auf den *tip* angewiesen. 50 Cent bis 1 Euro Trinkgeld sind angemessen.

ZEIT

Im Winter müssen Sie in Indien 4,5 Stunden, im Sommer 3,5 Stunden dazurechnen.

Sonnenschutz ist wichtig in der Wüste

ZOLL

Bei der Einreise sind alle persönlichen Gegenstände zollfrei sowie Geschenke bis zum Wert von 8000 Rupien (ca. 127 Euro), 200 Zigaretten oder 250 g Tabak, 2 l Spirituosen. Ausreise: keine Ausfuhr von Gegenständen, die über 100 Jahre alt sind. Nach Deutschland dürfen Erwachsene 200 Zigaretten, 2 l Alkohol unter 22 Prozent oder 1 l Hochprozentiges und andere Waren im Wert von 430 Euro einführen.

> DO YOU SPEAK ENGLISH?

„Sprichst du Englisch?" Dieser Sprachführer hilft Ihnen, die wichtigsten Wörter und Sätze auf Englisch zu sagen

Aussprache

Zur Erleichterung der Aussprache sind alle englischen Wörter mit einer einfachen Aussprache (in eckigen Klammern) versehen. Folgende Zeichen sind Sonderzeichen:

- ə nur angedeutetes „e" wie in bitte
- θ [s] gesprochen mit der Zungenspitze zwischen den Zähnen
- ' die nachfolgende Silbe wird betont. Bei einer Hauptbetonung steht das Zeichen oben vor der Silbe, bei einer Nebenbetonung unten

AUF EINEN BLICK

Ja./Nein.	Yes. [jäs]/No. [nəu]
Vielleicht.	Perhaps. [pə'häps]/Maybe. ['mäibih]
Bitte./Danke.	Please. [plihs]/Thank you. ['θänkju]
Vielen Dank!	Thank you very much. ['θänkju 'wäri 'matsch]
Gern geschehen.	You're welcome. [joh 'wälkəm]
Entschuldigung!	I'm sorry! [aim 'sori]
Wie bitte?	Pardon? ['pahdn]
Ich verstehe Sie/dich nicht.	I don't understand. [ai dəunt andə'ständ]
Ich spreche nur wenig …	I only speak a bit of … [ai 'əunli spihk ə'bit əw]
Können Sie mir bitte helfen?	Can you help me, please? ['kən ju 'hälp mi plihs]
Ich möchte …	I'd like … [aid'laik]
Das gefällt mir (nicht).	I (don't) like it. [ai (dəunt) laik it]
Haben Sie …?	Have you got …? ['həw ju got]
Wie viel kostet es?	How much is it? ['hau'matsch is it]
Wie viel Uhr ist es?	What time is it? [wot 'taim is it]

KENNENLERNEN

Guten Morgen!	Good morning! [gud 'mohning]
Guten Tag!	Good afternoon! [gud ahftə'nuhn]
Guten Abend!	Good evening! [gud 'ihwning]
Mein Name ist …	My name is … [mai näims …]
Wie ist Ihr/dein Name?	What's your name? [wots joh 'näim]
Wie geht es Ihnen/dir?	How are you? [hau 'ah ju]
Danke. Und Ihnen/dir?	Fine, thanks. And you? ['fain θänks, ənd 'ju]
Es freut mich, Sie kennenzulernen.	Pleased to meet you. ['plihsd tə 'miht ju]
Auf Wiedersehen!	Goodbye!/Bye-bye! [gud'bai/bai'bai]

SPRACHFÜHRER ENGLISCH

UNTERWEGS

AUSKUNFT

links/rechts/geradeaus	left [läft]/right [rait]/straight on [sträit 'on]
Bitte, wo ist …?	Excuse me, where's …, please? [iks'kjuhs 'mih 'weəs … plihs]
Hafen/Flughafen	harbour ['ha:ba(r)]/airport ['eəpoht]
Bahnhof	station ['stäischn]
Wann fährt der nächste Zug nach …?	When's the next train to …? ['wäns θə 'näkst träin tu]
Wie weit ist das?	How far is it? ['hau 'fahr is it]
Ich möchte ein Auto mieten.	I'd like to hire a car. [aid'laik tə 'haiə ə 'kah]
Wo ist die nächste Tankstelle?	Where's the nearest petrol station? ['weəs θə 'niərist 'pätrəlstäischn]

PANNE

Ich habe eine Panne.	My car's broken down. [mai 'kahs 'brəukn 'daun]
Der Wagen springt nicht an.	The car won't start. [θə 'kah wəunt 'staht]
Können Sie mal nachsehen?	Could you have a look? ['kud‿ju 'häw‿ə 'luk]
Die Batterie ist leer.	The battery is flat. [θə 'bätəri is flät]
Gibt es hier in der Nähe eine Werkstatt?	Is there a garage nearby? ['is θeə‿ə 'gärahdsch 'niərbai]

UNFALL

Hilfe!	Help! [hälp]
Achtung!	Attention! [ə'tänschn]
Rufen Sie bitte einen Krankenwagen.	Please call an ambulance. ['plihs 'kohl ən 'ämbjuləns]
Haben Sie Verbandszeug?	Have you got a first-aid kit? [həw ju got ə‿'föhst'äid kit]
Geben Sie mir bitte Ihren Namen und Ihre Anschrift.	Please give me your name and address! [plihs giw mi joh 'näim ənd ə'dräs]

ESSEN/UNTERHALTUNG

Wo gibt es hier …	Is there … here? ['is θeər … 'hiə]
… ein gutes Restaurant?	… a good restaurant …[ə 'gud 'rästərohng]
… ein typisches Restaurant?	… a restaurant with local specialities … [ə 'rästərohng wiθ 'ləukl ,späschi'älitis]

Reservieren Sie uns bitte für heute Abend einen Tisch für drei Personen. — Would you reserve us a table for three for this evening, please? ['wud ju ri'söhw əs ə 'täibl fə 'θrih fə θis 'ihwning plihs]

Was können Sie mir empfehlen? — What can you recommend? ['wot kən‿ju ,räkə'mänd]

Bezahlen, bitte. — Could I have the bill, please? ['kud ai häw θə 'bil plihs]

Wo sind bitte die Toiletten? — Where are the restrooms, please? ['weərə θə restrums plihs]

EINKAUFEN

Wo finde ich …? — Where can I find …? ['weə 'kən‿ai 'faind]

Apotheke — chemist's ['kämists]

Lebensmittelgeschäft — food store ['fuhd stoh]

Markt — market ['mahkit]

ÜBERNACHTUNG

Können Sie mir bitte ein Hotel empfehlen? — Can you recommend a hotel, please? [kən ju ,räkə'mänd ə həu'täl plihs]

> HINDI

Für alle Fälle: Begriffe in der wichtigsten Landessprache

Viele der folgenden Wörter sind typisch für den Sprachgebrauch von Hindus und können Muslimen gegenüber unpassend wirken.

Ja./Nein.	Dschi haa./Dschi nahi.	जी हाँ / जी नहीं
Ja. (gut, ich verstehe)	atschaa.	अच्छा.
Bitte./Danke.	Krpaja./thän·kyuu	कृपया. / थैंक्यू।
Verzeihen Sie.	maaf kii·ji·ye	माफ़ कीजिये।
Guten Tag!/Guten Abend!	Namastee!	नमस्ते!
Auf Wiedersehen!	Namastee!	नमस्ते!
Ich heiße ...	Mera namm ... hä.	मेरा नाम ... है.
Ich komme aus ...	Mä ...	मैं...
... Deutschland.	... dscharmani ...	...जर्मनी...
... Österreich./Schweiz.	... ostria ... /switserland se hu.	...औस्ट्रिअ / स्विट्ज़रलन्द...
Wie viel kostet es?	Ye kitne paisse hä?	ये कितने पैसे हैं?
Bitte, wo ist ...?	Dschi, kaha ... hä?	जी, कहाँ ... है?

1	ek	१ (एक)	5	pantsch	५ (पाँच)	9	no	९ (नौ)
2	do	२ (दो)	6	tschä	६ (छह)	10	das	१० (दस)
3	tin	३ (तीन)	7	ssaath	७ (सात)	20	bis	२० (बीस)
4	tschar	४ (चार)	8	aath	८ (उाठ)	100	ssoh	१०० (सौ)

Ich habe bei Ihnen ein Zimmer reserviert.	I've reserved a room. [aiw ri'söhwd‿ə 'ruhm]
Haben Sie noch …	Have you got … [həw ju got]
… ein Doppelzimmer	… a double room [ə 'dabl ruhm]
… mit Dusche/Bad?	… with a shower/bath? [wiθ ə 'schauə/'bahθ]
… für eine Nacht?	… for one night? [fə 'wan 'nait]
Kann ich das Zimmer ansehen?	Can I see the room? [kən ai 'sih θə 'ruhm]
Was kostet das Zimmer mit Frühstück?	How much is the room with breakfast? ['hau 'matsch is θə ruhm wiθ 'bräkfəst]

PRAKTISCHE INFORMATIONEN

Können Sie mir einen guten Arzt empfehlen?	Can you recommend a good doctor? [kən ju ,räkə'mänd ə gud 'doktə]
Ich habe hier Schmerzen.	I've got a pain here. [aiw got ə 'päin 'hiə]
Wo ist hier bitte …	Where's the nearest …['weəs θə 'niərist]
… eine Bank?	… bank? [bänk]
… eine Wechselstube?	… exchange-office? [iks'tschäinsch ofis]
Ich möchte … Euro (Schweizer Franken) wechseln.	I'd like to change … Euro (Swiss francs). [aid laik tə tschäinsch juərəu ('swis 'fränks)]
Was kostet ein Brief …/ eine Postkarte …	How much does a letter …/postcard … ['hau 'matsch das‿ə 'lätə/'pəustkahd]
… nach Deutschland?	… to Germany cost?[tə 'dschöhməni kost]
Briefmarke	stamp [stämp]

ZAHLEN

0	zero, nought [siərəu, noht]	18	eighteen [,äi'tihn]
1	one [wan]	19	nineteen [,nain'tihn]
2	two [tuh]	20	twenty ['twänti]
3	three [θrih]	21	twenty-one [,twänti'wan]
4	four [foh]	30	thirty ['θöhti]
5	five [faiw]	40	forty ['fohti]
6	six [siks]	50	fifty ['fifti]
7	seven ['säwn]	60	sixty ['siksti]
8	eight [äit]	70	seventy ['säwnti]
9	nine [nain]	80	eighty ['äiti]
10	ten [tän]	90	ninety ['nainti]
11	eleven [i'läwn]	100	a (one) hundred [ə ('wan) 'handrəd]
12	twelve [twälw]		
13	thirteen [,θöh'tihn]	1000	a (one) thousand ['ə ('wan) 'θausənd]
14	fourteen [,foh'tihn]		
15	fifteen [,fif'tihn]	1/2	a half [ə 'hahf]
16	sixteen [,siks'tihn]	1/4	a (one) quarter [ə ('wan) 'kwohtə]
17	seventeen [,säwn'tihn]		

Pilgerzentrum Galta bei Jaipur

> UNTERWEGS IN RAJASTHAN

Die Seiteneinteilung für den Reiseatlas finden Sie auf dem hinteren Umschlag dieses Reiseführers

REISE ATLAS

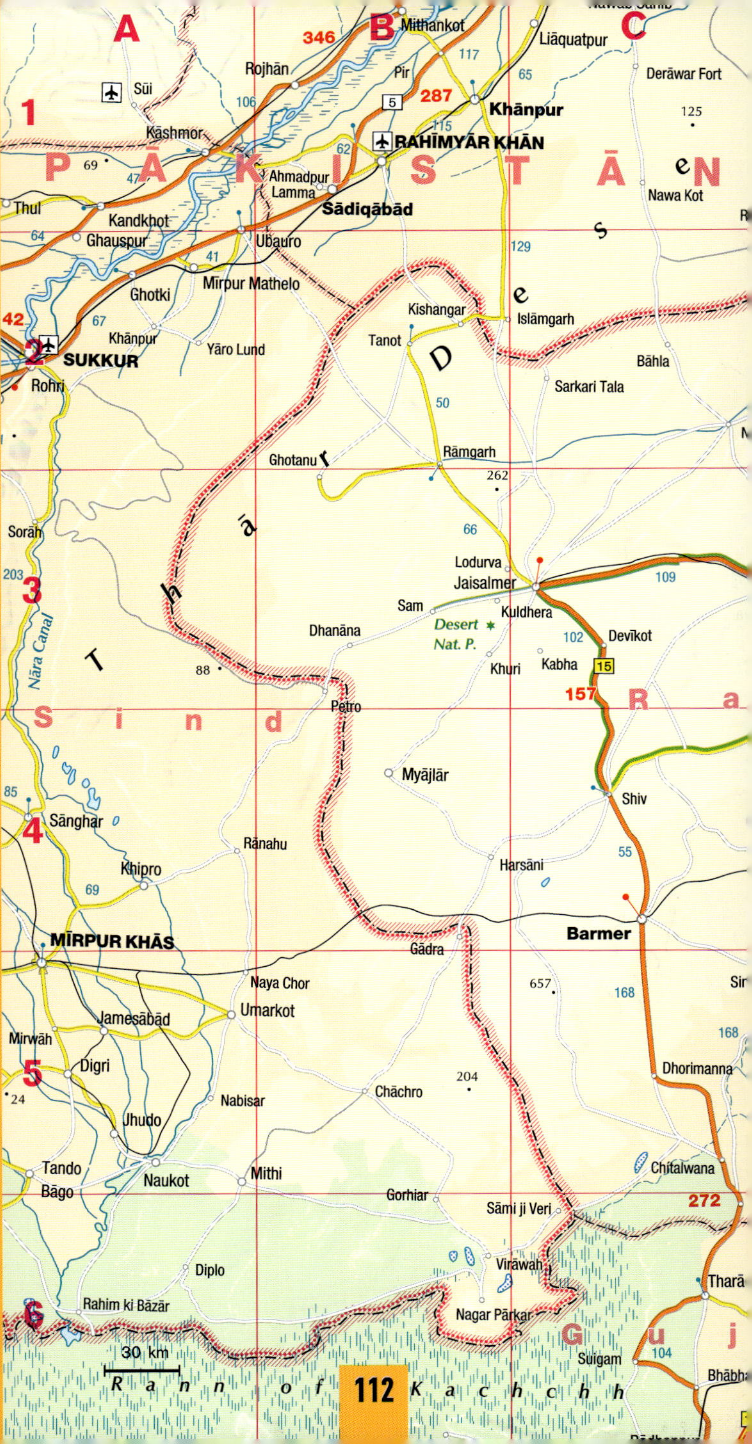
A
B
C
1
2
3
4
5
6
Mithankot
Liāquatpur
Derāwar Fort
Rojhān
Pir
Sūi
Khānpur
RAHĪMYĀR KHĀN
Kashmor
Ahmadpur Lamma
Sādiqābād
Nawa Kot
Thul
Kandkhot
Ghauspur
Ubauro
Mīrpur Mathelo
Ghotki
Kishangar
Islāmgarh
Tanot
Khānpur
Yāro Lund
SUKKUR
Rohri
Sarkari Tala
Bāhla
Rāmgarh
Ghotanu
Sorāh
Nāra Canal
Lodurva
Jaisalmer
Sam
Kuldhera
Desert Nat. P.
Dhanāna
Devīkot
Khuri
Kabha
Petro
Myājlār
Shiv
Sānghar
Rānahu
Khipro
Harsāni
MĪRPUR KHĀS
Barmer
Gādra
Naya Chor
Umarkot
Jamesābād
Mirwāh
Digri
Dhorimanna
Chāchro
Nabisar
Jhudo
Tando Bāgo
Naukot
Mithi
Chitalwana
Gorhiar
Sāmi ji Veri
Diplo
Virāwah
Thara
Rahim ki Bāzār
Nagar Pārkar
Suigam
Bhābha
P Ā K I S T Ā N
Desert
Thār
Sind
Ra
Guj
Rann of Kachchh
30 km

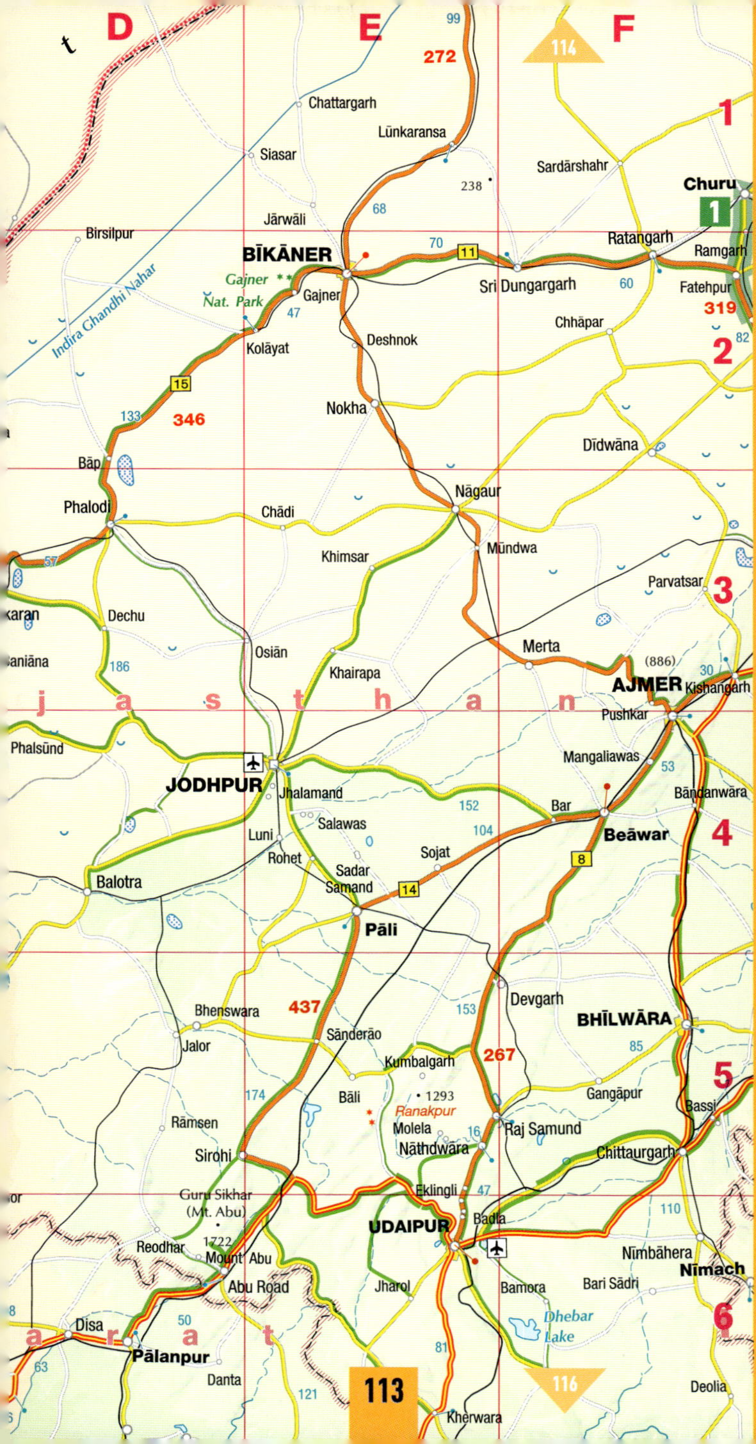
D
E
F
114
1
2
3
4
5
6
99
272
Chattargarh
Lūnkaransa
Siasar
238
Sardārshahr
Churu
Jārwāli
68
Birsilpur
BĪKĀNER
70
11
Ratangarh
Ramgarh
Gajner
Nat. Park
Gajner
Sri Dungargarh
60
Fatehpur
319
Indira Gandhi Nahar
47
Kolāyat
Deshnok
Chhāpar
82
15
Nokha
133
346
Dīdwāna
Bāp
Phalodi
Nāgaur
Chādi
Mūndwa
57
Khimsar
Parvatsar
karan
Dechu
Osiān
Merta
(886)
aniāna
186
Khairapa
30
AJMER
Kishangarh
j a s t h a n
Pushkar
Phalsūnd
JODHPUR
Jhalamand
Mangaliawas
53
Bāndanwāra
152
Bar
Salawas
104
Beāwar
Luni
Rohet
Sojat
8
Sadar
Samand
14
Balotra
Pāli
Devgarh
Bhenswara
437
153
BHĪLWĀRA
Jalor
Sānderāo
85
Kumbalgarh
267
174
Bāli
1293
Ranakpur
Gangāpur
Bassi
Rāmsen
Molela
16
Raj Samund
Sirohi
Nāthdwāra
Chittaurgarh
Guru Sikhar
(Mt. Abu)
Eklingli
47
110
1722
UDAIPUR
Badla
Reodhar
Mount Abu
Nīmbāhera
Nīmach
Abu Road
Jharol
Bamora
Bari Sādri
Dhebar
Lake
Disa
50
Pālanpur
81
63
Danta
121
Deolia
116
Kherwara
a r a t

A
B
C
1
2
3
4
5
6
Punjab
PĀKISTĀN
Rājasthān
Sāhīwāl (Montgomery)
Harappa
Nūrpur
Dīpālpur
Basīrpur
Bunga Hayāt
Haveli
Shaikh Fāzil
Pākpattan
Pākpattan Canal
Ārifwāla
Sulaimānke Headworks
Lāleka
Minchinābād
Qāsimka
Sutlej
Satluj
Rāvi
Lower Bāri
Fort Wāh Branch
Bahāwalnagar
Dūnga Būnga
Chistiān Mandy
Hārūnābād
Hakra Right Branch
Fort Abbās
Jalālābād
Fāzilka
Lakhewāli
Abohar
Muktsar
Malaut
Giddarbāha
Sangat
Farīdkot
Kot Kapūra
Jaito
Moga
Rāikot
Barnāla
Nathana
Rāmpura Phūl
Bathinda
Kotla Branch
Maur
Mānsa
Rāman Mandi
Kālānwāli
Mandi Dabwāli
Nurpura
Ganganagar
Karanpur
Padampur
Pakka Sarnoka
Goluwāli
Hanumāngarh
Chautāla
Sadulgarh
Sirsa
Fatehābād
Rāisinghnagar
Kalibangan
Badopal
Sūratgarh
Rāwatsar
Bhātu
Piphana
Adampur
Anūpgarh
Nohar
Bhādra
Bālsamand
Pallu
Saio
Chattargarh
Tāranagar
Rājgarh
Lūnkaransa
Siasar
Sardārshahr
Changoti
Pilani
Chirāwa
Churu
Jālwāli
Gajner Nat. Park
Bīkāner
Gajner
Napāsar
Sri Dungargarh
Ratangarh
Fatehpur
Mandāwa
Mukundgarh
Jhunjhunū
Dundlod
Nawalgarh
Lachhmangarh
Gangashahr
Kolāyat
Deshnok
Bīdāsar
Chhāpar
Udaipur
Lādnun
Nokha
Pānchūn
Mundro
Sikar
Dīdwāna
Khūr
Ringas
Maulāsar
Rāmgarh
Nāgaur
Rol Qāziān
Jāel
Khātu Kalān
Kuchāman
Kishangarh
Chādi
Mūndwa
Nāwa
Jobner
Khimsar
Sambhar Salt Lake
Sāmbhar
Parvatsar
Phulera
Mahlān
Asop
Osian
Khairapa
Barlu
Harsor
Dūdu
Pādu Kalān
Merta
Phāgi
Ajmer
Pushkar
Arain
Jodhpur
Mangliawas
Nāsīrābād
Malpura
30 km
116

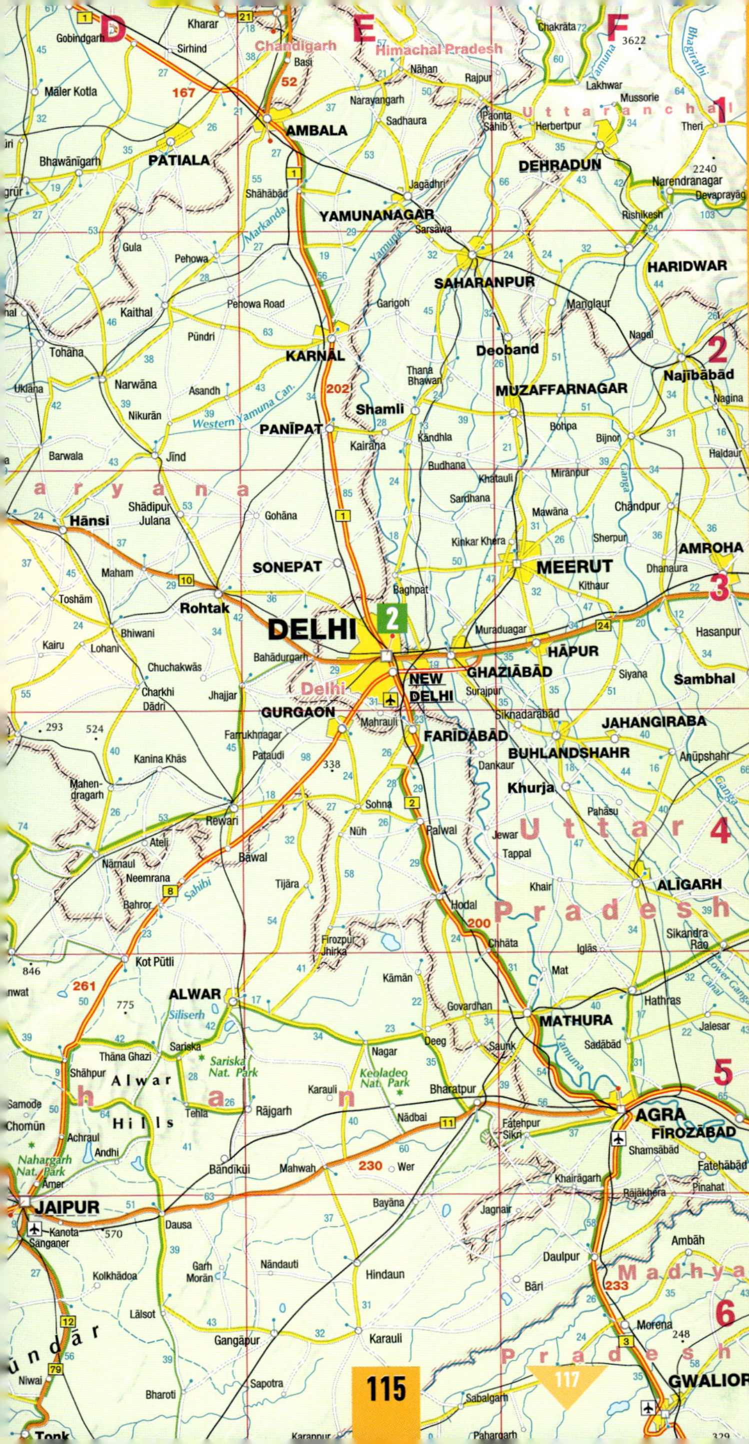
D
E
F
1
2
3
4
5
6
Gobindgarh
Kharar
Chandigarh
Himachal Pradesh
Chakrata
Sirhind
Basi
Nāhan
Rajpur
Māler Kotla
Lakhwar
Mussorie
Narayangarh
Uttaranchal
Theri
Paonta Sāhib
Herbertpur
AMBALA
Sadhaura
PATIALA
Bhawānīgarh
DEHRADUN
Narendranagar
Devaprayāg
Shāhābād
Jagādhri
Rishikesh
YAMUNANAGAR
Sarsāwa
Markanda
Yamuna
Gula
Pehowa
HARIDWAR
SAHARANPUR
Pehowa Road
Garigoh
Manglaur
Kaithal
Pūndri
Nagal
Tohāna
KARNĀL
Deoband
Najībābād
Thana Bhawan
Narwāna
Asandh
MUZAFFARNAGAR
Uklāna
Shamli
Nagina
Nikurān
Western Yamuna Can.
PANĪPAT
Kairāna
Kāndhla
Bohpa
Bijnor
Haldaur
Barwala
Jīnd
Budhana
Khatauli
Mirānpur
Ganga
Haryana
Shādipur
Julana
Sardhana
Mawāna
Chāndpur
Hānsi
Gohāna
Kinkar Khera
Sherpur
AMROHA
Maham
SONEPAT
MEERUT
Dhanaura
Toshām
Rohtak
Baghpat
Kithaur
DELHI
Bhiwani
Muraduagar
Hasanpur
Kairu
Lohani
Bahādurgarh
HĀPUR
Chuchakwās
GHAZIĀBĀD
Siyana
Sambhal
Delhi
NEW DELHI
Surajpur
Charkhi Dādri
Jhajjar
GURGAON
Mahrauli
Siknadarābād
JAHANGIRABA
Farrukhnagar
Pataudi
FARĪDĀBĀD
BUHLANDSHAHR
Anūpshahr
Kanina Khās
Dankaur
Mahendragarh
Khurja
Ganga
Rewari
Sohna
Pahāsu
Ateli
Nūh
Palwal
Jewar
Uttar
Nārnaul
Bāwal
Tappal
Neemrana
ALĪGARH
Tijāra
Khair
Bahror
Sahibi
Hodal
Pradesh
Firozpur Jhirka
Chhāta
Sikandra Rao
Kot Pūtli
Iglās
Kāmān
Mat
Lower Ganga Canal
ALWAR
Hathras
Siliserh
Govardhan
MATHURA
Jalesar
Sariska
Deeg
Saunk
Sadābād
Thāna Ghazi
Sariska Nat. Park
Nagar
Shāhpur
Alwar
Keoladeo Nat. Park
Yamuna
Rājasthan
Karauli
Bharatpur
Samode
Tehla
Rājgarh
AGRA
Chomūn
Hills
Nādbai
Fatehpur Sīkri
FĪROZĀBĀD
Achraul
Andhi
Shamsābād
Nahargarh Nat. Park
Bāndīkūi
Mahwah
Wer
Fatehābād
Āmer
Khairāgarh
Pinahat
JAIPUR
Rājākhera
Bayāna
Kanota
Dausa
Jagnair
Sanganer
Ambāh
Garh Morān
Nāndauti
Daulpur
Kolkhādoa
Hindaun
Madhya
Bāri
Lālsot
Morena
Bundār
Gangāpur
Karauli
Pradesh
Niwai
Sapotra
GWALIOR
Bharoti
Sabalgarh
Tonk
Karanpur
Pahargarh

117

114

A
B
C
1
2
3
4
5
6
R a j a s
Dhūn
Aravalli Range
Mewār
Gujarat
M
P
Sambhar Salt Lake
Sāmbhar
Phulera
Mahlān
Parvatsar
Osian
Khairapa
Asop
Barlu
Pādu Kalān
Harsor
Merta
Dūdu
Phāgi
Kishangarh
AJMER
Pushkar
Arāin
JODHPUR
Pīpār
Nāsīrābād
Malpura
Jhalamand
Bilara
Mangliawas
Salawas
Bar
Beāwar
Bāndanwāra
Sarwār
Toda Rai Singh
Luni
Rohet
Sadar Samand
Sojat
Bijainagar
Kekri
Pāli
Bhim
Asīnd
Devli
Shāhpura
Jahazpur
Devgarh
BHĪLWĀRA
Sānderāo
Menal
Kumbalgarh
Sādri
Bāli
Māndalgarh
Bijolia
Jawahar Sagar Wildlife Sanct.
Ranakpur
Kelwa
Gangāpur
Bānas
Raj Samund
Molela
Bassi
Kātoda
Singoli
Nāthdwāra
Bhainsrorgarh
Pindwāra
Kapāsan
Chittaurgarh
Detwara
Eklingji
Ratangarh
Badla
Minar
Jāwad
UDAIPUR
Nimbāhera
Nīmach
Rāmpura
Kotra
Bari Sādri
Manāsa
Jharol
Dhebar Lake
Bamora
Chhoti Sādri
Gāndhi Sāgar
Garot
Nārāyangarh
Bābalwara
Salūmbar
Dariāwad
Paira
Deolia
Sitāmau
Vijayanagar
Kherwāra
Mandsaur
Mungana
Idar
Dūngarpur
Nārāyangarh
Bhiloda
Ganora
Ghatol
Tāl
Himatnagar
Jaora
Garhi
Bhaneshwara
Arthuna
Modāsa
Tropic of Cancer
Bhesola
Harsol
Mālpur
Kalinjra
Mahi
Sailāna
Nāgda
Khāchrod
Bāyad
Bājna
RATLĀM
Yirpur
Rāmpur
Lūnāvāda
Sanjeli
Jhālot
Kapadvanj
Vādasinōr
Miāti
Petlāwad
Badnāwar
Rājod
Dākor
Godhra
Piplod
Dāhod
Jhābua
Depālpur
Nāgda
Chambal
Sardārpur
Bandheri
Hātod
Dhār
Vāsad
Hālol
Champaner-Pavagadh Archaeological Park
Kanas
Tānda
Bāgh
30 km

D
E
F
1
2
3
4
5
6
Amer
JAIPUR
Kanota
Sanganer
570
Dausa
Kolkhādoa
Garh Morān
Nāndauti
Hindaun
Bayāna
Jagnair
Khairāgarh
Rājākhera
Pinahat
Chambal
Ambāh
Daulpur
Bāri
233
Morena
248
Lālsot
Gangāpur
Karauli
Niwai
Bharoti
Mandrael
Jora
Sapotra
Sabalgarh
Pahargarh
GWALIOR
329
Tonk
Bānas
Karanpur
Ranthambhore Nat. Park
Sawai Mādhopur
Uniara
Khatoli
Dabra
Mohana
Burda
Bhitarwar
Datia
Naenwa
Indargarh
Shivpuri N.P.
Dholagarh
Lākheri
Sheopur
Goras
Pauri
Baroda
Shivpuri
94
Karera
Nationa Chambal Wildl. Sanct.
Keshoraī Pātan
Kāli Sindh
Deori
Madhav Nat. Park
Kolāras
Pichor
545
Bārān
215
Kelāwara
Lukwasa
Miārpur
Matatila Res.
Tālbahai
Palaita
Sorsan Grasslands Bird Sanct.
559
Pārbati
Bapaur
Fatehgarh
Sind
Isāgarh
Mukandwara
Dara Wildl. Sanct.
Kawai
Saraskheri
Kelwāra
Lalitpur
Shergarh Wildl. Sanct.
Parwan
Chanderi
Rāmganj Mandi
Jhalawār
Mandāwār
Jhālārāpātan
Guna
Ashoknagar
193
M
a
l
w
a
Āron
Mungaoli
Bhawāni Mandi
Sunel
Bhensroadgarh Wildl. Sanct.
Aklera
Onder
Betwa
Bolia
Soyet
Bina
Khimlasa
Maksudangarh
Sironj
Korwai
Khurai
Zirapur
Khilchipur
Leteri
Kulhār
Rajgarh
Jarod
Dag
Susner
Biaora
592
Udayapur
Pathāri
Nalkhera
Shamsābād
Bāsoda
Rāhatgarh
Barod
a
d
h
y
a
Agar
Pachor
Narsinghgarh
Gyāraspur
Berasia
Halali Reservoir
Sārangpur
Vidisha
665
Ghairatganj
Shājāpur
608
Sanchi
Ghosla
Akodia
Sujālpur
Pārbati
Duraha
Raisen
Tarāna
BHOPĀL
Dehgaon
a
d
e
s
h
Sehore
425
Sultānpur
Ichhāwar
313
616
Bāri
Bareli
e
g
n
a
R
Sia
Sonkach
Ashta
Lawākhāri
Rock Shelters of Bhimbetka
Sānwer
Dewās
634
Rehti
Hoshangābād
Piparia
Chhapra
Sundrel
Soghāgpur
INDORE
Bāgli
Nāsrullāhganj
Itārsi
V
i
n
d
h
y
a
Khātegaon
Seoni Mālwa
Tawa Reservoir
Simrol
Satwās
Choral
Balwāda
Kelsa
Satpura
115

KARTENLEGENDE

Autobahn, mehrspurige Straße - in Bau Highway, multilane divided road - under construction		Autoroute, route à plusieurs voies - en construction Autosnelweg, weg met meer rijstroken - in aanleg
Fernverkehrsstraße - in Bau Trunk road - under construction		Route à grande circulation - en construction Weg voor interlokaal verkeer - in aanleg
Hauptstraße Principal highway		Route principale Hoofdweg
Nebenstraße Secondary road		Route secondaire Overige verharde wegen
Fahrweg, Piste Practicable road, track		Chemin carrossable, piste Weg, piste
Straßennummerierung Road numbering	E20 11 70 26 5 40 9	Numérotage des routes Wegnummering
Entfernungen in Kilometer Distances in kilometers	259 130 129	Distances en kilomètres Afstand in kilometers
Höhe in Meter - Pass Height in meters - Pass	1365	Altitude en mètres - Col Hoogte in meters - Pas
Eisenbahn - Eisenbahnfähre Railway - Railway ferry		Chemin de fer - Ferry-boat Spoorweg - Spoorpont
Autofähre - Schifffahrtslinie Car ferry - Shipping route		Bac autos - Ligne maritime Autoveer - Scheepvaartlijn
Wichtiger internationaler Flughafen - Flughafen Major international airport - Airport		Aéroport importante international - Aéroport Belangrijke internationale luchthaven - Luchthaven
Internationale Grenze - Provinzgrenze International boundary - Province boundary		Frontière internationale - Limite de Province Internationale grens - Provinciale grens
Unbestimmte Grenze Undefined boundary		Frontière d'Etat non définie Rijksgrens onbepaalt
Zeitzonengrenze Time zone boundary	-4h Greenwich Time -3h Greenwich Time	Limite de fuseau horaire Tijdzone-grens
Hauptstadt eines souveränen Staates National capital	**MANILA**	Capitale nationale Hoofdstad van een souvereine staat
Hauptstadt eines Bundesstaates Federal capital	**Kuching**	Capitale d'un état fédéral Hoofdstad van een deelstat
Sperrgebiet Restricted area		Zone interdite Verboden gebied
Nationalpark National park		Parc national Nationaal park
Antikes Baudenkmal Ancient monument		Monument antiques Antiek monument
Sehenswertes Kulturdenkmal Interesting cultural monument	*Angkor Wat*	Monument culturel interéssant Bezienswaardig cultuurmonument
Sehenswertes Naturdenkmal Interesting natural monument	*Ha Long Bay*	Monument naturel interéssant Bezienswaardig natuurmonument
Brunnen Well		Puits Bron
Ausflüge & Touren Excursions & tours		Excursions & tours Uitstapjes & tours

FÜR IHRE NÄCHSTE REISE

gibt es folgende MARCO POLO Titel:

DEUTSCHLAND

Allgäu
Amrum/Föhr
Bayerischer Wald
Berlin
Bodensee
Chiemgau/Berchtesgadener Land
Dresden/Sächsische Schweiz
Düsseldorf
Eifel
Erzgebirge/Vogtland
Franken
Frankfurt
Hamburg
Harz
Heidelberg
Köln
Lausitz/Spreewald/Zittauer Gebirge
Leipzig
Lüneburger Heide/Wendland
Mark Brandenburg
Mecklenburgische Seenplatte
Mosel
München
Nordseeküste Schleswig-Holstein
Oberbayern
Ostfriesische Inseln
Ostfriesland/Nordseeküste Niedersachsen/Helgoland
Ostseeküste Mecklenburg-Vorpommern
Ostseeküste Schleswig-Holstein
Pfalz
Potsdam
Rheingau/Wiesbaden
Rügen/Hiddensee/Stralsund
Ruhrgebiet
Sauerland
Schwäbische Alb
Schwarzwald
Stuttgart
Sylt
Thüringen
Usedom
Weimar

ÖSTERREICH | SCHWEIZ

Berner Oberland/Bern
Kärnten
Österreich
Salzburger Land
Schweiz
Steiermark
Tessin
Tirol
Wien
Zürich

FRANKREICH

Bretagne
Burgund
Côte d'Azur/Monaco
Elsass
Frankreich
Französische Atlantikküste
Korsika
Languedoc-Roussillon
Loire-Tal
Nizza/Antibes/Cannes/Monaco
Normandie
Paris
Provence

ITALIEN | MALTA

Apulien
Capri
Dolomiten
Elba/Toskanischer Archipel
Emilia-Romagna
Florenz
Gardasee
Golf von Neapel
Ischia
Italien
Italienische Adria
Italien Nord
Italien Süd
Kalabrien
Ligurien/Cinque Terre
Mailand/Lombardei
Malta/Gozo
Oberital. Seen
Piemont/Turin
Rom
Sardinien
Sizilien/Liparische Inseln
Südtirol
Toskana
Umbrien
Venedig
Venetien/Friaul

SPANIEN | PORTUGAL

Algarve
Andalusien
Barcelona
Baskenland/Bilbao
Costa Blanca
Costa Brava
Costa del Sol/Granada
Fuerteventura
Gran Canaria
Ibiza/Formentera
Jakobsweg/Spanien
La Gomera/El Hierro
Lanzarote
La Palma
Lissabon
Madeira
Madrid
Mallorca
Menorca
Portugal
Sevilla
Spanien
Teneriffa

NORDEUROPA

Bornholm
Dänemark
Finnland
Island
Kopenhagen
Norwegen
Oslo
Schweden
Stockholm
Südschweden

WESTEUROPA | BENELUX

Amsterdam
Brüssel
Dublin
Edinburgh
England
Flandern
Irland
Kanalinseln
London
Luxemburg
Niederlande
Niederländische Küste
Schottland
Südengland

OSTEUROPA

Baltikum
Budapest
Danzig
Estland
Kaliningrader Gebiet
Krakau
Lettland
Litauen/Kurische Nehrung
Masurische Seen
Moskau
Plattensee
Polen
Polnische Ostseeküste/Danzig
Prag
Riesengebirge
Russland
Slowakei
St. Petersburg
Tallinn
Tschechien
Ukraine
Ungarn
Warschau

SÜDOSTEUROPA

Bulgarien
Bulgarische Schwarzmeerküste
Kroatische Küste/Dalmatien
Kroatische Küste/Istrien/Kvarner
Montenegro
Rumänien
Slowenien

GRIECHENLAND | TÜRKEI | ZYPERN

Athen
Chalkidiki
Griechenland Festland
Griechische Inseln/Ägäis
Istanbul
Korfu
Kos
Kreta
Peloponnes
Rhodos
Samos
Santorin
Türkei
Türkische Südküste
Türkische Westküste
Zakinthos
Zypern

NORDAMERIKA

Alaska
Chicago und die Großen Seen
Florida
Hawaii
Kalifornien
Kanada
Kanada Ost
Kanada West
Las Vegas
Los Angeles
New York
San Francisco
USA
USA Neuengland/Long Island
USA Ost
USA Südstaaten/New Orleans
USA Südwest
USA West
Washington D.C.

MITTEL- UND SÜDAMERIKA

Argentinien
Brasilien
Chile
Costa Rica
Dominikanische Republik
Jamaika
Karibik/Große Antillen
Karibik/Kleine Antillen
Kuba
Mexiko
Peru/Bolivien
Venezuela
Yucatán

AFRIKA | VORDERER ORIENT

Ägypten
Djerba/Südtunesien
Dubai
Israel
Jordanien
Kapstadt/Wine Lands/Garden Route
Kapverdische Inseln
Kenia
Marokko
Namibia
Qatar/Bahrain/Kuwait
Rotes Meer/Sinai
Südafrika
Tansania/Sansibar
Tunesien
Vereinigte Arabische Emirate

ASIEN

Bali/Lombok
Bangkok
China
Hongkong/Macau
Indien
Indien/Der Süden
Japan
Kambodscha
Ko Samui/Ko Phangan
Krabi/Ko Phi Phi/Ko Lanta
Malaysia
Nepal
Peking
Philippinen
Phuket
Rajasthan
Shanghai
Singapur
Sri Lanka
Thailand
Tokio
Vietnam

INDISCHER OZEAN | PAZIFIK

Australien
Malediven
Mauritius
Neuseeland
Seychellen
Südsee

REGISTER

In diesem Register sind alle in diesem Führer erwähnten Orte und Ausflugsziele sowie wichtige Begriffe verzeichnet. Halbfette Seitenzahlen verweisen auf den Haupteintrag, kursive auf ein Foto.

> SCHREIBEN SIE UNS!

Liebe Leserin, lieber Leser,

wir setzen alles daran, Ihnen möglichst aktuelle Informationen mit auf die Reise zu geben. Dennoch schleichen sich manchmal Fehler ein – trotz gründlicher Recherche unserer Autoren/innen. Sie haben sicherlich Verständnis, dass der Verlag dafür keine Haftung übernehmen kann.

Wir freuen uns aber, wenn Sie uns schreiben.

Senden Sie Ihre Post an die
MARCO POLO Redaktion,
MAIRDUMONT, Postfach 31 51,
73751 Ostfildern,
info@marcopolo.de

IMPRESSUM

Titelbild: Volkstanzgruppe in Udaipur (alamy images: P. Springett)
Fotos: alamy images: P. Springett (1); Artchill: Sangeeta Juneja (14 M.); Asghar Belim (13 o.); © fotolia.com: Mahesh Hariani (15 u.), Bernd Kröger (93 o.l.), Mikhail Lukyanov (14 o.), Nanou (92 o.l.), Edwin Ng (93 M.r.); HB Verlag: Modrow (26, 29, 52, 79, 94/95); J. Holz (U. l., 3 M., 3 r., 5, 6/7, 8/9, 11, 21, 22/23, 28/29, 36, 40, 43, 44/45, 46, 49, 51, 60/61, 70/71, 75, 76, 87, 88/89, 97, 98/99, 99, 110/111); Huber: Achmann (24/25); © iStockphoto.com: Robert Bremec (92 M.l.), Nancy Louie (14 u.), Linda & Colin McKie (92 M.r.), Nwphotoguy (93 u.r.); G. Jung (U. r., 28); Kr. Udit Singh Shekhawat (15 o.); O. Krüger (U. M., 2 l., 2 r., 3 l., 4 r., 16/17, 19, 27, 30/31, 35, 39, 55, 56, 63, 65, 66, 72, 98, 105); Laif: Modrow (90), Riehle (81); K. Maeritz (23); Anushka Menon (12 u.); M. Neumann-Adrian (59, 85), E., M. und G. Neumann-Adrian (122); Piotr Nogal: www.noxot.de (93 M.l.); Okapia: Pum (32), Rathore/Arnold (4 l., 41); Uwe Petersen (12 o.); D. Renckhoff (68, 83); Sher Bagh (13 u.); Henry Willson (92 u.r.)

3., aktualisierte Auflage 2011

Chefredaktion: Michaela Lienemann (Konzept, Chefin vom Dienst), Marion Zorn (Konzept, Textchefin)
Autoren: Edda, Michael und Gabriel Neumann-Adrian; Redaktion: Karin Liebe
Programmbetreuung: Silwen Randebrock; Bildredaktion: Gabriele Forst
Szene/24h: wunder media, München
Kartografie Reiseatlas: © MAIRDUMONT, Ostfildern
Innengestaltung: Zum goldenen Hirschen, Hamburg; Titel/S. 1–3: Factor Product, München
Sprachführer: in Zusammenarbeit mit Ernst Klett Sprachen GmbH, Stuttgart, Redaktion PONS Wörterbücher

Printed in Hungary. Gedruckt auf 100 % chlorfrei gebleichtem Papier

> UNSERE AUTOREN

MARCO POLO Insider Edda, Michael und Gabriel Neumann-Adrian im Interview

Edda, Michael und Gabriel Neumann-Adrian leben als freie Autoren in Süddeutschland und reisen fast jedes Jahr nach Rajasthan

Wie kam es zur ersten Rajasthan-Reise?

Gabriel: Als Indologiestudent hatte ich 1996 in Varanasi ein paar Wochen Hindi-Unterricht genommen – danach wollte ich unbedingt in das Land der Könige reisen.

Was reizt Sie an Rajasthan?

Edda: Die Natur, die strenge Wüstenlandschaft, die Kargheit der Halbwüste, die Menschen mit ihrem Mut zur Farbe, ihrer fröhlichen Eigenständigkeit, ihrem Stolz – und ihre Kultur als Ausdruck all dieser Eigenschaften.

Und was gefällt Ihnen dort nicht so?

Michael: Der Straßenverkehr wird immer heftiger – und dafür sind auch in Indien die Altstädte nicht gebaut. Man braucht dringend neue Verkehrskonzepte, Fußgängerzonen und mehr Umgehungsstraßen.

Lieben Sie die Wüste?

Gabriel: Einmal unternahm ich im April, als es eigentlich viel zu heiß war, eine Kamelsafari in der Gegend von Bikaner – nur zwei Ortskundige und ich. Drei Dinge machten diese Tage unvergesslich: die Ruhe der Thar, die Gelassenheit der Menschen, die dort leben, und der Sternenhimmel über unserem Lager.

Wie teilen Sie drei sich die Arbeit auf?

Michael: Wir drei sind gemeinsam an allem interessiert, am Leben der Rajasthani, an den großartigen, weiträumigen Landschaften, an Bäumen und blühenden Pflanzen, an den Palästen wie an den Dörfern. Gabriel kennt sich aber besser in der Backpackerszene aus – und weil er Hindi spricht, findet er auch Kontakt zu Rajasthani, die nicht Englisch sprechen.

Was erinnert Sie zu Hause an das Land?

Edda: Mitgebrachte Literatur (in englischer Sprache), unsere Fotos, einige – wenige – Souvenirs vom Kieselstein bis zum Türknopf.

Mögen Sie die Küche in Rajasthan?

Gabriel: Die Küche ist enorm vielfältig. Ein Rajasthani-Festessen lebt davon, dass die Geschmacksnuancen der einzelnen Gerichte sich gegenseitig unterstützen.

Ihr schönstes Erlebnis dort?

Michael: Das ist schwer zu sagen bei so vielen unvergesslichen Erinnerungen, sehr schwer! Zum Schönsten gehört für mich das Erleben ungestörter Weite – ob tagsüber in der Wüste oder nachts unter Sternen auf dem Dach eines Palastes.

> BLOSS NICHT!

Auch in Rajasthan gibt es Dinge, die Sie vermeiden sollten

Tischmanieren nicht kennen

Viele Inder essen auch im Restaurant ohne Besteck. Sie sollten das eher nicht versuchen, denn es gehört viel Geschick dazu, die soßigen Gerichte mit Reis und Fladenstücken in den Mund zu bringen. Falls doch, dann nur mit der rechten Hand, die linke gilt als unrein!

Alles fotografieren

Privatpersonen wollen um Einverständnis gebeten werden. Bei Leichenverbrennungen und im Allerheiligsten der Tempel ist Fotografieren absolut tabu.

Körperkontakt

Kein Kuss in der Öffentlichkeit, keine Umarmung, kein Arm-in-Arm-Gehen – Indien ist prüde. Daher auch kein Oben-ohne-Baden.

Kindern Geld geben

Besonders in Großstädten werden Kinder von Erwachsenen zum Geldbetteln ausgenutzt. Geben Sie statt Geld Essen, Stifte, Kugelschreiber oder Seife.

Sich abschleppen lassen

Wenn Schlepper Sie zu einer supergünstigen Adresse führen wollen, verweigern Sie! Denn Sie zahlen den Lohn des Werbers als Aufpreis. Auch Fremdenführer sind nicht immer qualifiziert. Prüfstein: Ist ihr Englisch verständlich? Und machen Sie das Honorar vorher aus.

Schuhe anbehalten

Beim Betreten religiöser Stätten sind Schuhe tabu, ein Reinheitsverstoß. In Privathäusern richten Sie sich nach dem Hausherrn.

Missverständlich auftreten

Touristinnen sollten nicht mit fremden Indern flirten. Männer sprechen nie fremde Frauen an – und umgekehrt.

Leichtgläubig sein

Die Polizei warnt davor, in Bahn oder Bus Essbares von Mitreisenden anzunehmen – Kriminelle könnten Sie unter Betäubungsmittel setzen und ausrauben. In Pushkar wird zuweilen *special lassi* angeboten, ein Getränk, das Halluzinationen hervorrufen kann. Drogendealern und -usern drohen, auch für Cannabisbesitz, lange Haftstrafen in harten indischen Gefängnissen.

Falscher Briefkasten

Post bitte nicht wahllos in jeden Briefkasten werfen – viele sind nur für die Nahregion bestimmt.

Daten leichtfertig preisgeben

Internetcafés und Onlinestationen in Hotels sind oft gar nicht oder unzureichend gegen Hackerangriffe und Datenklau geschützt. Vorsicht mit Passwort und privaten Daten, noch mehr Vorsicht beim Onlinebanking!